愛と家族を探して

佐々木ののか

目次

4　はじめに

9　第一章　二つの出会い

23　第二章　長谷川（26）
江添（31）

43　第三章　華京院レイ（32）

65　第四章　加納土（24）

神様のような男性に出会い、人生をともにしたいと思った。その試行錯誤の末に出会った「新しい家族たち」と一人の女性の実践。

法律婚ではない契約を取り交わして結婚生活を送っている夫婦。契約の大きな柱は、「年更新制」「性的に独占し合わない」「お財布は別」。

恋愛やセックスの欲求がないが、「家庭が欲しい」と思った。精子バンクを利用して、子どもを産んだ。

母と、母の呼びかけで集まったたくさんの人たちの中で育った子どもは、二四年後、自らの生い立ちを振り返るドキュメンタリー映画を撮った。

83　第五章　中村みどり（33）

109　第六章　オノマリコ（34）
モスクワカヌ（34）

131　第七章　綾乃（35）
あお（21）

155　第八章　古藤千佳（35）

184　この本を書き終えて

一歳前後から乳児院を経て、一八歳まで児童養護施設で過ごし、大学卒業後は福祉施設等で子育て相談や生活困窮者の相談に従事。カナダでの生活を経て、現在は福岡にある里親支援のＮＰＯで働いている。

女性同士のルームシェア。恋愛関係にはないが、同性パートナーシップ制度を利用して「家族」になることを検討中。

二〇代のときに旅先で出会った人と三ヵ月で結婚、出産し、離婚。別れた夫との再結成。その後、さまざまな出会いを経て、一四歳下の男性と再婚した。

八年付き合った恋人と婚約を解消してカナダへ。留学先で出会い、心から愛した人は植物と猫しか信じられない男性だった。

はじめに

「普通」の家族をやっていくはずだった。

私は北海道の田舎町に、四人兄弟の長女として生まれ育った。長子ということもあり、母にはかなり手をかけて育てられ、そのことを重圧に思ったことはほんの少しだけあるけれど、父にも母にもおしなべて感謝していた。

勉強が比較的できて部活でもそこそこの成績を残し、課外活動も積極的に行っているいわゆる優等生だった私は大人たちから可愛がられた。「ののかちゃんは将来、どんな風になるんだろうね」という先生や近所の人からのリップサービスを鵜呑《うの》みにして、手持ちの少ない知識で膨らませられる限りの未来に想いを馳《は》せたけれど、そのいずれもが好きな人と恋愛して結婚して子どもを産んで家庭をつくる、というレールから逸脱することはなかった。自分の育った家庭が、私の抱く家庭像にどのくらいの割合で影響していたのかはわからないけれど、少なくとも私は普通の家庭で生まれ育ったと自認していて、私も普通の家族をつくりたかったし、当たり前につくれるものだと思っていた。

しかし、新卒で入った会社が合わず、半年で体調不良になって休職。当時付き合っていた恋人とも別れ、会社で決められた休職期間を過ぎても体調が戻らなかった私は退職することにした。一生懸命に勉強して、良い大学に入って、良い会社に入れば、当たり前に手に入ると思っていた普通の家族と人生。

家財道具をすべて捨て、友人やその日知り合った人の家を頼って都内で生活しながら、たまたま漂着したライターという仕事をすることになった私は、いろいろな人に出会った。婚姻届を翌朝提出しに行くが実はまだ腹が決まっていなくて不安だという人、奥さんと同じくらい不倫相手のことが好きだと話す人、大好きな恋人ひとりのほかにもたくさんの恋人がいる人などなど、私が思い描いていた好きな人ひとりと付き合って結婚して子どもを産むという正規ルートは、その人たちにとってはとっくに崩壊しているように思えた。そして、正規ルートを歩んでいない人たちは、私が思っているよりもずっとずっと多いのではないかと考えるようになった。

決して壊れたりはしない、大きな一枚の壁だと思っていた結婚・家族観が瓦解して、壁の割れ目から垣間見える景色は人生のボーナスステージのようでワクワクしたけれど、当時はまだ自分事ではなかった。しかし、取材を重ねるうちに、私はだんだんと自分の深層に潜《もぐ》っていくことになる。

この本では、そんな私が二〇一七年から二〇二〇年の間に行った「家族と性愛」に関する七つのインタビューと、どうしてそのインタビューをするに至ったのかという背景、そしてインタビューの後に私が考えたことが書かれている。第一章では、私の旅の入口になった、二つの出会いのことをつづっている。

誰かのために書いたわけではない。こんな言い方が許されるのであれば、取材対象者の方々のご協力を得ながら、私が私のために書いたものだ。だから、この本は何の参考にもならないかもしれない。それでも、生きるためにもがきながら愛と家族を探してきた個人的な旅の軌跡《きせき》が、誰かの足元を照らすものになるのなら、これ以上ない幸せです。

第一章

二つの出会い

神様のような男性に出会い、人生をともにしたいと思った。その試行錯誤の末に出会った「新しい家族たち」と一人の女性の実践。

人生で一番好きな人ができた。その人は絵を描くことだけで生計を立てている人で、業界の中でも名が知られていた。二〇一五年に新卒で入った会社を一年で辞め、社会のシステムから突如飛び出して羅針盤もないままに漂って「ライター」という仕事にようやく流れ着いたばかりの、今以上に何者でもなかった私にとって、彼は目がつぶれそうに眩《まぶ》しかった。

その人とはとあるプロジェクトで三週間ほど毎日のように顔を合わせるようになり、毎朝彼に挨拶をするたびに胸が高鳴るのがわかった。今思えば、それは恋というよりは表現を生業にしている人への憧れに近い気持ちだったのかもしれない。事実、彼が私に「何でもできるとしたら、君は何がしたいの?」と聞いてきたとき、「文章を書きたいんですけど、自信がなくて」と俯《うつむ》く私に「君には才能があるよ、文章を書きなよ」などと言って肩を叩いたものだから、その瞬間に彼は私の神様になってしまった。恋というより神だった。

彼が私の家にやってきて一度そういうことになったとき、それは決定的なものになり、私の中で何かが壊れ、何かが暴走し始めた。いわゆるワンナイトラブという概念もよく知っていたし、私自身そういうことに慣れている自負があった。それなのに、あの夜から彼が私の世界のすべてになってしまった。その日から、私は彼に近づきたい一心で文章を書くようになり、つまり文章を書くことは彼自身との心理的距離を縮めることでもあり、アーティストである彼に近づくことでもあった。私はどちらも欲しかった。彼のようなアーティストになることと同時に、わかりやすく言えば彼の恋人になること、もっと言うならば彼と人生をともにする夢を思い描いて日々を生きる糧《かて》にした。

でも、彼が私の掌の中にだけ留まることなど無理だとわかっていた。今振り返れば、年齢による知識や経験の不均衡を、悪く言えば利用して、一〇歳以上も年が離れた若い女の子にちょっと手を付けたくらいの感覚だったのかもしれないし、彼の周りにはいつも若い女の子がたくさんいたし、全国に現地妻がたくさんいるという噂も耳にしていた。「交際」という形式を取る考えは、彼の中にはなさそうだった。普通ならば諦めるところだ。しかし、当時二五歳だった私は真剣に考えてしまったのだった。どうしたら彼と人生を歩むことができるのだろう。人生の伴侶とは言わないまでも、彼と人生の交点を持つにはどうしたらいいのだろう。同世代の友人がどうしたら意中の彼と付き合えるか、あるいは恋人と結婚できるかという話で悩んでいるとき、私は全然違うことで悩んでいた。付き合うでも、結婚するでもない、違う方法を考えなければならない。そうして考えあぐねていたある日、ふとある想いが身体に落ちてきた。

「あの人の子どもが産みたい」

どういう理路でそう考えたのかはわからない。もはや理路なんてなかった。しかし、いざ思いついてみると、それは名案のように思えた。お金をくださいとか認知してくださいとか言うと、責任が発生するから大変だろうけれど、私が産んで私が育てると言えば問題ないだろうと思った。彼と私の遺伝子の入った子どもは私にしか産めないし、彼の遺伝子入りの子どもなら大切に育てられる自信があった。子どもを産めば、たまに子どもの顔を見がてら彼が立ち寄ってくれることもあるかもしれないし、そうでなくても私と彼との間を子どもが血で結んでくれる。私はまるで両想いにでもなれたような全能感で満たされた。完璧なシナリオだった。

ところが、私の周りの友人にはそんなことを実践している人はおらず、彼女たちは私の名案を「そんなの無理だよ」だとか「その人が結婚して別の人との間に子どもを設けたらどうするの？　それでも子どものことを愛せるの？」「それって無責任じゃない？」などと矢継ぎ早の集中砲火で焼き払おうとするので、身近な人にその話をするのをやめてしまった。わかってもらえなくていい。一方で、noteやTwitterには書き続けていた。自分の名案、心情がつまらない野次にかき消されないようにするために必死だった。

そうして発信し続けていると、知らない方から「実は私もそんなことを考えていました」という連絡をもらったり、知人から「こんな人がいるみたいだよ」とネット記事やSNSの投稿が送られてきたりするようになり、だんだんと「新しい家族ネットワーク」が広がっていった。

「新しい家族ネットワーク」の人たちの背景は実に多様だった。現在の婚姻制度に疑問を持ち、自分たちの理想の条件を満たす婚姻届を作成するまでを作品にした人、事実婚をするにあたって「結婚」という言葉の枠にはめられることへの違和感から結婚パーティーの代わりに反婚デモを行った人、本気で複数の人を愛する「ポリアモリー」という生き方を実践し、双方公認のうえで夫婦関係外に恋人を持つことに決めた人など。私は新たな出会いのたびに目を輝かせて、しかし自分事として真剣に話を聞いた。彼ら彼女らの実践はもれなく私に勇気をくれたけれど、当時の私に最も衝撃を与えたのは、結婚をしないと決めて子どもを妊娠・出産した、選択的シングルマザーにあたる人たちの存在だった。

「私の理想を、すでに実践していた人がいたなんて」

自分の事情を他人に投影するのは失礼であると思いつつ、私は彼女たちをそのまま自分の未来のように思っていた。選択的シングルマザーになった人の動機ももちろん様々だった。「人生をともにしたい大好きな人に出会い、結婚しない、養育費を受け取らないという条件でも子どもを産みたいと思った」と話す人に出会ったときは「私の理想形がここにある！」などと勝手に思い込み、涙が出そうになった。一方で、他人への不信感や恐れ、迷惑をかけたくないという気持ちから「恋愛も結婚も介さずに子どもを産む方法を考えた」と話す人もいた。

それぞれの答えにたどり着くまでの紆余曲折《うよきょくせつ》も、文字通りまっすぐで平坦なものではない。少し長くなるけれど、ここでは、私が最も影響を受けた、ある女性の話をさせてもらいたい。

その女性と出会ったのは、二〇一七年頃だった。彼女は、結婚せずに子どもを産む非婚出産をすることにした人だった。若い頃から「子どもが欲しい」と思っていたわけではなかった。むしろ、思春期に婦人科系の病気の診断を受けていたため、妊娠・出産を諦めていたという。しかし、日々の生活の中で、昔から抱いていた「子どもと関わるのは楽しい」という気持ちの高まりに気づき、三〇歳で学童で働き始めることになった。

かねての夢である子どもと関われる生活は充実していたが、その一方で、「保育士としての関わりだけでは物足りなくなった」と感じることも多くなっていったという。たとえば、学童内では子どもと触れあえるが、家に連れて帰ったり、その後の暮らしに長く寄り添うことは当然ながらできない。親と保育士という立場やできることの違いに気づいた彼女は次第に、「子どもの『親』になりたい」と思うようになっていった。子どもの親になる選択肢として養子縁組や里親を検討したが、法律婚をした夫婦でない場合や、一定の収入水準を超えていない場合は難しい。そこで「自分で産むのが一番早い」と、かつて医師に難しいと言われて諦めていた妊娠にひとまず取り組んでみることにした。

しかし、当時同居していた恋人はうつ病。とても子育てを一緒にできるような状態にはなかった。それ以前に同居していた恋人たちも暴力的だったり、依存度が高かったりしたことから、誰かと恋愛関係になることによって発生する圧力からはできるだけ遠くにいたいと思うようになりつつあった。ましてや出産するとなると、その圧は生まれてくる子にも及ぶ。そう考えると、彼女が非婚出産をした経緯は、選択というよりは自然な流れだった。

とは言え、当時付き合っていた恋人の子どもを妊娠し、「一人で育てていく」ことには違和感があったという。もちろん自分で責任を持って育てていくという覚悟はあったものの、「社会の中で育てていく」という感覚がぼんやりとあったのだ。それは、彼女が昔から抱いていた「古くからの友人と自分の家を共有して家族のようになっていきたい」という想いに端を発していたところもある。そういう友人と本当に家族になるためにはどうしたらいいんだろうと考えて、「お財布を一緒にしてみよう」とか、「もっと近くに住んだらいいんじゃないか」といった試行錯誤の中に、「一緒に子どもを育てる」という方法が浮かび上がってきた。親以外のたくさんの拠り所がある状態は、素敵だとも感じた。

それでも社会への不信感が拭いきれず、漠然とした不安の中にいた彼女が前に進むとっかかりになったのは、友人たちの言葉だった。

「出産したいんだけど……」と何気なく話した彼女に「いいね」「一緒に育てる?」と言ってくれた友人や、「産みたいんだったら産んだらいいんですよ。もしもあなたが子どもを育てられなくなったり、万が一死んだりしても僕が責任持って育てます」と言ってくれた友人。

それまでは親や恋人、周囲の人との関係の中で傷つくことが多く、社会を信じられない、信じてはいけないと思っていた彼女。しかし、友人たちの言葉により、社会に対して気持ちが開かれ、社会を信じることはかえって生きるための土台になるのだと思えるようになったのだという。彼女の「産みたい」気持ちはより一層、確固たるものになっていった。

まずは身近な知人や友人に「産みたいんだけど」と自分を開いていくところから始まり、アドバイスをくれる人や情報共有をしてくれる人の輪が徐々にできあがっていった。妊娠に協力してくれそうな人探しも、理解を得られそうな友人や知り合いにダメ元で「出産したいので、協力してください！」と言って回った。「とにかく妊娠したい！」というだけでなく、きちんと意図を話したうえで理解を得ないといけないという想いから、多くの人との関わりの中で子育てしたいことや、カップルで子育てするのに抵抗があること、養育費や子育ての協力は必要ないことなど、自身の子育て観のようなものを話すことは徹底した。驚く人も中にはいたが、「真剣に考えたいので、時間をください」と前向きに検討してくれる人もいた。全部で二〇人ほどにアプローチをして、最終的にはひとりの男性が協力してくれることになった。彼女の考えを否定こそしないものの、まさか自分がそうなるとは思っていなかった彼。妊娠したことを伝えたときは動揺し、その後も恋人関係にはなかったというが、健診で一緒にエコーを見たり、お腹がだんだんと大きくなってくるのを見守ってくれたり、自ら希望して出産にも立ち会ったという。

出産時に立ち会えたのはスペース等の制約上、彼だけだったが、関わっている身近な友人たちを入れたＬＩＮＥグループが作成され、出産の実況やその後の経過報告にも使われた。一般的な出産はカップルの間だけに収まっているが、命がけの奇跡的な瞬間を共有したいという彼女の想いから実現したグループだ。

彼女のそうしたスタンスは産後しばらく経っても変わらない。平日は子どもを保育園に預けてフルタイムで働き、基本的には一人で子育てしているものの、「子育てに関わりたい」と言ってくれる人たちと子育てを無理のない範囲で共有している。一緒にご飯を食べたり、遊んだりしながら、やれる人が、やれるときに、やれる範囲で関われる「出たり入ったりしやすい家族」というかたちを実践している。

この話を初めて聞いたとき、なんて先進的な子育てなんだと感動したものだけど、その人は等身大でそれをやっていた。何か先進的なムーブメントを起こそうというわけでも、エンターテイメントでもなく、「結婚して子どもを産むというスタンダードな方法で子育てできるならしたかったけれど違和感があり、できなかった。自分流のやり方をとらざるを得なかった」と話した。不安はないのか、バッシングが怖くないのかと聞いても、「産む人生も産まない人生も自分なら、どうしても産みたかった」とはっきりとした口調で答えた。自然体でありながら確かな言葉に、私は胸を打たれた。自分が大切にしたいものや譲れないことを丁寧に洗い出して、家族をつくり、生き方を選んでいけるのだという事実に、肌を覆っていた鱗がまた一枚剝《は》がれ落ちるのを感じた。

しかし、自分でつくれるということは選択肢が無限にあるということだ。結婚するしない、子どもを産む産まないといった二択に終始しなくていい、私にとって本当に居心地が良い生き方。冒頭で触れた絵描きの彼と人生を交えるにしても、どういう生き方が一番サステナブルなんだろう。彼ら彼女らのように、自信を持って自分の人生を生きることができるだろうか。たくさんの人に出会うたびに、私の問いは振り出しに戻るのだった。

ちなみに、その彼には「私はあなたが好きです。お金も認知もいらないので、あなたの子どもを産ませてください！」と言って土下座したのだけれど、彼はまさに開いた口が塞《ふさ》がらないという感じで、しばらく固まっていた。破天荒なキャラクターの彼が呆然としているのを初めて見て、意外と保守的なんだなと当時は思ったけれど、一一歳も年下の女の子に唐突にそんなことを言われて平然としていられる男性のほうが珍しいかもしれない。しかし、彼も一端《いっぱし》の絵描きでパフォーマーだ。少しの間、ちょっと得意になっていた私に「俺たちは血縁でも戸籍でもつながっていないけど、もう十分に家族だろ」と言い、私を強く抱きしめた。骨が軋《きし》むのを感じるほどの腕の強さに身体がしなる。完成度の高い即興のパフォーマンスを見せつけられ、あまりの展開の美しさに、バカな私はすっかりやられて言葉をすべて鵜呑《うの》みにしてしまった。

「血縁でも戸籍でもつながっていないけれど、家族。じゃあ家族って何だろう？」

そこから、私の「家族と性愛」にまつわる探求が本格的に始まった。今考えると大バカだ。大バカなのだけど、社会のシステムから弾かれて放り出された大海原での航海にひとつのユニークな指針ができた。

あのときのことがなかったら、私は悩みを深めることもなく、早々に軌道修正して、どこかの会社に再就職して結婚して子どもを産んでと、安定した人生を送っていたかもしれない。その意味では、彼にとても感謝している。人生をめちゃくちゃで、ドープにしてくれてありがとう。

第二章

長谷川（26）
江添（31）

法律婚ではない契約を取り交わして結婚生活を送っている夫婦。
契約の大きな柱は、「年更新制」「性的に独占し合わない」「お財布は別」。

好きな人と結婚したり、一緒に生活したりするのは難しい。でも、この先五〇年以上、人生一〇〇年時代ならばそれ以上の年数を一人で生きていかなければいけないと考えると途方に暮れる。一人きりでぼんやり過ごすのが不安で仕方ないから、仕事をぎゅうぎゅうに詰め込んで「生活」の余白を埋めているけれど、今よりも体力が落ちて休み休みでないと働けなくなったらどうするんだろう。それに、私が独り身でいるのは問題なくても、周りの友達も独り身でいるとは限らない。結婚して子どもを産んだら、少なくとも今と同じようには遊べなくなるだろう。

彼のことは好きだ。彼がどうなろうとずっと好きでいられる自信はあったけれど、周りの友人が家庭を持ち始める中、独身で、一人暮らしをしながら、彼を好きでい続けた先で、私が自分の選択を肯定し続けられるのか不安が残る。彼のことをずっと想い続けるためには、私の生活が安定していなければいけない。そう考えたとき、彼とは別に一緒にいて落ち着く人、いわゆる「生活の人」をつくればいいのではないか。これまた名案だと思った。

この、「分けて考える」という発想でいけば、いろいろなことがもっと自由になる。たとえば、私は「生活の人」とセックスしたいと思えない。「結婚して家族になった途端にセックスできなくなった」という話はよく聞くけれど、同じような話で、生活の匂いのする人とセックスできないのだ。もっと言えば、「遺伝子の彼」のことは好きだったし、会えばセックスはするけれど、もう少し定期的に会える人をセックスパートナーにしておいたほうが、都合が良いかもしれない。こういう風に、改めていろいろを分けて考えてみたほうが自分にフィットするかたちを見出しやすくなる気がする。

子どもを産むとなるとさらに「子育て」という要素が増える。恋愛、セックス、生活、子育て。それぞれにはそれぞれ別の素養が必要だと思うのだけど、結婚はこの全部を包摂している。それらの素養をバランス良く兼ね備えている人など、存在してもひと握りなんじゃないかと思う。少なくとも、私が一人でその全部を満たしてほしいと言われたら無理だし重荷だ。恋愛の人と生活の人、もしかしたらセックスの人、遺伝子の人、子育ての人など、一度できる限り細かく因数分解して、それぞれの素養がある人とそれぞれの領域でお付き合いしてみたら、みんなハッピーになれるんじゃないか。

そう思った私は早速、気の合う男友達に「生活ユニット」というのをやってみないかと提案してみた。私が思い描いていた「生活ユニット」とは、同じ屋根の下で寝食をともにする中で、お互いがお互いの「生活の人」になれないかを模索する活動のこと。籍は入れず恋愛関係もない事実婚のような形式に落ち着くのが、想定しうるベストな状態だ。私の提案にその男友達は快く乗ってくれた。私と彼は話もよく合ったし、食べ物の好みやライフスタイル、お金をかける場所が同じで、彼と一緒にいるのが居心地良かったので、「生活ユニット活動」の幸先はとても良いように思われた。

しかし、生活ユニット活動を始めて二週間くらいした頃、私が好きな人の話をすると男友達の表情が曇るようになり、銭湯に行ったある日の帰り道に手を引き寄せられてキスされた。最悪だ。約束が違う。激昂《げきこう》する私を見て、男友達は悲しそうにしていた。寝食をともにしているし、仲良くしているし、居心地が良いからいいのだと思ったそうだ。それが良くないから「生活ユニット」という看板を掲げているのに、どうしてわかってもらえないのだろう。その後も何度か、生活ユニット的な試みをしたが、同じ理由でことごとく失敗してしまい、私のほうが間違っているんじゃないかと思えてきた。居心地が良いが、恋愛感情やそれに伴う行為がないというだけの、男女の関係の難しさ。

その後、紆余曲折《うよきょくせつ》あって法律婚をした私だったけれど、数年前に友人が何かの折に紹介してくれた女性のことを思い出す。「あなたの関心に近いと思う」と引き合わせてもらった女性は自己紹介で契約結婚をしたと言っていた。今でこそ二〇一六年秋に話題になったドラマ『逃げ恥』で市民権を得つつある言葉だけれど、彼女と出会ったのは二〇一六年の夏なので、当時は契約結婚と聞いてもあまりピンと来なかった。だけど、もしかしたら、彼女が実践している契約結婚というものが、私の考えていた「生活ユニット」なのではないか。

そう思いつき、藁《わら》にもすがる思いで連絡を取った。取材という形式で会ってもらうことにしたけれど、それは過去の私の救済でもあった。

「自分にしっくりくるかたちは何だろう？」と考えたら、契約結婚だった

――二人は、どういった経緯で契約結婚をすることになったんですか？

長谷川　私が契約結婚をしたいと思い立って、当時住んでいたシェアハウスの住人たちに「私と結婚しませんか？」と提案したんです。江添さんもそのうちの一人で、お互いの求める条件がぴったり合ったので一緒になることにしました。契約結婚をして、今年で四年目に突入します。

――どうして一般的な結婚ではなく、契約結婚という形式を取ったんでしょう？

長谷川　契約結婚をしようと思っていた、というよりは、恋愛関係を築いて一般的な結婚をすることが私には向いていなかったからですね。

恋愛関係が生産的なものにならないんですよ。うまく説明はできないんですけど、恋愛的なものを求められすぎると自分の中のバランスを崩しやすくなって相手を突き放してしまうというか。そういったことを突き詰めていっても生産的になるとは思えませんでしたし、相手の方も不幸にしてしまうし（笑）。

――確かに恋愛が向いていないと感じている方は多いかと思いますが、結婚を諦めてしまう人がほとんどです。長谷川さんはどうして今のかたちに落ち着いたのでしょうか？

長谷川　恋愛は向いていませんでしたが、誰かと一緒に生きていきたいとずっと思っていたんですよね。「自分にしっくりくるかたちは何だろう？」と模索を続けて、しっくりこないものややりたくないことをどんどん取り除いていくようにしたら、契約結婚という方法が残りました。

聞こえはよくないかもしれませんが、私のつくりたい生活に賛同してくれる人ならどんな人でもいいなと思えたんです。なので、江添さんにも「こういう結婚をしたいと考えているんですけど」とほんのり打診してみました。

――長谷川さんからの提案を受けて、江添さんは率直なところどんな感想を持ちましたか？

江添　長谷川さんが最初にその話をしてくれたときは「私（江添さん）と結婚したい」というよりも「こういうことを考えていて」という話だったので「へぇ～、いい人が見つかるといいね」というくらいで。

長谷川　私も様子を窺《うかが》っていたんですよ。たいていの人はまともに取り合ってくれなかったんですけど、江添さんは気持ち悪がらなかったし、否定も肯定もされなかったので、別の日に改めて「どうですか？」って聞いたんだよね。そしたら、面白がってくれたみたいで。

江添　私自身はあまり人に関わってこなかったし、若いときはお金もなかったしで、恋愛するような環境になかったこともあって、恋愛的に人を好きになったことがありませんでした。ただ、結婚はしたかったんですよ。

――それは、なぜですか？

江添　多分、日常に飽きていたからだと思います。

シェアハウスに入居したのも毎日に飽きてきたからだったんですが、長谷川さんの提案があったとき、私はすでにシェアハウスでの生活に飽き始めていましたし、面白そうだなと思って確か「可もなく不可もない」って言ったんですよ。

実際、長谷川さんも「目の前にいるから挑戦してみるか」っていう感じだったよね。あとは、仲人の存在も大きかったかもしれない。

――仲人を立てたんですか？

長谷川　シェアハウスに遊びに来ていた年の近い女の子が仲人的な役割を買って出てくれて。結婚するならどういった条件がいいのかを私たちから聞き出して、箇条書きにしてまとめてくれたんです。
仲人さんがいなかったら踏み切れなかった可能性もあるので、お互いに譲れない部分を可視化して話し合えたことがよかったんだと思います。

恋愛結婚じゃないから
冷静に対応できる

――契約結婚をされて四年目に突入するということですが、二人はどんな生活をされているんですか？

長谷川　彼も私も会社勤めなのですが、私は平日一八時くらいまで働いて、彼は不規則な勤務で夜も遅くなることが多いです。
なので、週二、三日くらい一緒に夕飯を食べられれば良い方ですね。彼が料理を多めにつくっておいてくれるので、残っているものを自分のタイミングで食べる感じです。

――江添さんが料理をされるんですね。家事の分担については、よくある夫婦喧嘩《ふうふげんか》あるあるのひとつですが、長谷川さんと江添さんの間ではどうでしょう？

長谷川　最初はどちらがお皿洗いをするかでよく喧嘩していました。私が誰かと食卓を囲めるのがうれしくて、率先して料理をつくることが多かったので、「お皿洗いくらいやってよ」と。

でも、彼の仕事柄どうしても帰りが遅くなってしまい、一人で食事をすることが続いたので料理をつくるのをやめたんです。そうしたら彼が料理をつくって、私が皿洗いを担当するようになって喧嘩はなくなりました。

誰かと一緒に生活している以上、価値観の違いでぶつかることはあると思うのですが、私たちは恋愛関係にない契約結婚だからこそ、「うまくいかなかったら別れてもいい」という前提のもと、お互いの考えていることを伝えて、冷静に対処できるんだと思います。

――逆に、契約結婚をしてみて困ったことなどはあるのでしょうか？

長谷川　困ったというほどではないんですけど、周囲の方の理解を得るのが難しいですね。「結婚している」と言えば、一般的な結婚を想像するでしょうし、かといって自分から「私の結婚はこういうかたちで……」といきなり話し始めるのも何だか違うし……。「誰かいい人を紹介するよ！」と言われるのが面倒で、最近は一〇〇〇円のファッションリングを買って、左手の薬指に付けているのですが、みんなわかった気になってくれるんですよね。きちんと自分の口で説明していかなきゃいけないなと思っているんですけど。

——周囲の理解といえば、親御さんにはこの結婚について話しているんですか？

長谷川　話しましたし、両家に挨拶にも行きました。「契約結婚」という言葉こそ使いませんでしたが、事実婚か何かだと思っていると思います。「友達だった人に結婚しようと言ったらOKをもらえたので、結婚します」と言ったら、「あんたが決めたことだったらいいんじゃない」と納得してくれて。

結婚した後は頻繁に会うことはないんですけど、旅行で近くに行くことがあったら会いに寄ることはあります。

「恋愛も身体の関係もない、添い寝できる人」といられる安心感

――「求める条件に賛同してくれる方なら誰でも良かった」という話がありましたが、一緒に過ごした月日の長さからか、お二人からは元来の相性の良さのようなものを感じます。

長谷川　条件に合えば誰でもよかったというのはそうなんですが、私の結婚相手の条件の中に「添い寝できる人」というのがあって。なかなか満たす人はいなかったのですが、彼はそれを満たしてくれたので、一気に結婚に踏み切れました。

――添い寝が条件のひとつだった、ということですか？

長谷川　むしろ、添い寝が最重要条件ですね。それくらい、私にとっては大事なものだったんです。恋愛関係にない人と、セックスでなく、ただ、添い寝することが。

——添い寝を大事に思うようになった理由は？　もし原体験などあれば聞かせていただけますか？

長谷川　相手に踏み込むことはあっても踏み込まれたくないという感覚がずっとあって。それに加えて性被害に遭ったことが何度かあって、女性の身体に生まれたことを弱さのように思うようになっていきました。

何が決定的なきっかけかはわからないんですけど、そうしたいろんな要素が相まって、自分の身体を肯定できず、他人と身体の接触をすることができなくなった時期があったんです。

そんな中、恋愛関係にない友達と添い寝する機会があって、そのときに初めて、自分の身体を好きになりたいし、人に触れるようになりたいと思えるようになりました。

二〇歳のときだったんですけど、その体験以降、自分の中で「革命を起こさなきゃ」と思うようになって、自分にフィットするかたちを模索し始められたんですよね。

——それで、出会って契約結婚したのが江添さんだった、ということですね。添い寝できるかどうかという基準はどういったところにあるんですか？

長谷川　うまく言えないんですが、横にいても安心して眠れる、という感覚的なところが大きいですね。だから、正式に結婚を申し込む前に、シェアハウスで一度試したんですよ。

――トライアル添い寝ですね（笑）。

長谷川　そうそう。仲人の子も一緒に、川の字になって添い寝して。そうしたら、よかったんですよ。びっくりするくらいフィットした。恋愛でなくても、人とのふれあいが好きな人なんだなってわかって。

江添　でも、たいていの男はそうなんじゃないの？　女にあぶれている男は世の中にたくさんいるから、適当に声かければよかったのに。

長谷川　その微妙なニュアンスが彼には伝わらなくてもどかしいんですけどね。

添い寝ができても性的な関係になって終わってしまうだけなら、たくさんの人とできることかもしれないんですけど、そうなると私は心のバランスを崩してしまうので、「フィットする添い寝ができる人」を探していたのですが、それが難しい。

先ほど条件に合えば誰でもよかった、とは言いましたけど、そういう人は二〇歳のときに出会った友達と江添さん以外にいなかった。

正直なところ、江添さんとは共通の趣味もないし、お互いがどんな仕事をしているかもいまいちわかっていませんが、安心して添い寝できる相手だということが私にとっては最も大事なことだったんです。今はとても安定して満たされているというか、幸せです。

お互いのパートナーと四人で暮らすのが夢

——条件には「性的に拘束し合わない」という項目がありましたが、これはそれぞれ外に恋愛関係や肉体関係があっても良い、ということですよね。お互いに恋愛の話はするのでしょうか？　恋愛関係にないとはいえ、嫉妬はないのかなど、素朴な疑問が湧いてきます。

長谷川　しますします！　まず身体的接触がある場合は性病のリスクがあるので、お互いにオープンにしようと契約によって決めました。

私は恋愛関係と性的関係を別物だと考えていますが、隠し事のある関係が嫌なので、それを話せないなら一緒にいられないんですよ。江添さんは他のパートナーの話をしても、悲しませたり嫉妬を買ったりすることがないので、すごく安心します。

ただ、私自身はやきもち焼きなところがあるので、江添さんが他のパートナーの話をすると、時々ムッとしてしまうこともあって不公平なんですけど（笑）。彼の寛容さに憧れて尊敬しているので、フラットに受け入れる努力はしたいなと思っています。

江添　無理だと思うな～。

長谷川　頑張ります！（笑）。でも、お互いに性的パートナーができて、みんなで一緒に暮らせたら一番いいねとは話しているんです。

私たちは籍を一緒にしてはいませんが、場合によってはお互いの性的パートナーと入籍をして、同居するのが面白いんじゃないかって。

――お互いの性的パートナーと入籍・同居すると、どんなメリットがあるんでしょうか？

長谷川　ひとつの理由は合理的だからです。うちは共働きなので扶養関係にはなれないんですけど、たとえばお互いの性的パートナーが無職や学生で、扶養関係になれるようなら入籍した上で、江添さんと同居したほうがお得ですよね。

江添　婚姻制度は一人が稼ぎ、一人が家を守るような想定のもとに制度が作られていますよね。なので、結婚相手に収入がない場合は収入から控除が発生しますし、配偶者の健保険や年金に入ることもでき、配偶者が死んだ後も年金が入ってくるので、無職の人と結婚するのは世帯としてメリットが大きいんです。

――婚姻制度をそんな風に捉える人は少ないかもしれませんね。

長谷川　婚姻制度は突き詰めれば合理的に使えると思うのですが、それに乗っかろうとしている人は少ないですよね。

今の私と江添さんには法律婚のメリットはないのでしていませんが、必要に応じて環境をカスタマイズしていくことはあるかもしれないなと思います。

――最後に、今ある結婚のかたちに「しっくりこない」人たちに向けて、メッセージをお願いします。

長谷川　私の話になるんですけど、「ちょっと嫌だな」と思ったことはそのまま受け入れずに今まで生きてきた部分があるので、悩んでいる人に対しても「少し違うな」とか嫌だなって思ったことには、とことん反対したり逃げたりして、自分の生きやすいように人生をカスタマイズしていってほしいなと思います。

インタビューを終えて

長谷川さんの話を聞きながら、私はずっと涙を堪《こら》えていた。恋愛が向いていない話、それでも一緒に生活するパートナーは欲しかった話、性被害に遭って女性であることを弱さのように思った話、自分の身体を受け入れられなかった時期の話。すべてが自分のことのようだと言ってしまうと長谷川さんに失礼だけれど、それでも長谷川さんが話すエピソードに、私の記憶が呼応して光るのを感じていた。

恐らく近しい感覚を抱いている人、自分では気づいていなくてもそういった状況にある人は他にもたくさんいるだろう。けれど、恋愛に不向きだと気づいたとしても、たいていの人は結婚や人との交流自体を諦めてしまう。

そんな中、長谷川さんは、自分が欲しいものは何なのかに真摯に向き合い、どうしたら欲しいものが手に入るのかを考え、試しては失敗し、試しては失敗し、諦めずに江添さんというパートナーを見つけて、話し合いを重ねて、今のかたちを維持、というか常に編み続けている。一般に結婚と呼ばれる法律婚が楽だとは言わないけれど、一から組み上げていく作業は決して簡単ではない。もしかしたら綻《ほころ》びがあるかもしれないけれど、穴が開くことを前提にして、穴が開くたびにどうしようと話し合いながらつくっていく「家」は、手入れなしでも住めるまっさらな新築の家よりも結果的に居心地の良いものになる気がした。そしてそれは、法律婚やいかなるパートナーシップでも、もっと大切にされていい向き合い方だと思った。

それから私がとりわけ興味深かったのは、性的拘束をしないと決めている二人でも、長谷川さんは江添さんにやきもちを焼くことだ。「彼の寛容さに憧れて尊敬しているからフラットに受け入れる努力はしたい」と長谷川さんは言っていたけれど、長谷川さんの気持ちは恋愛関係にないとは言っても、江添さんへの愛情の証のような気がして私にはとてもすてきに映ったし、性的拘束はしないと決めていても抱いてしまう嫉妬のような感情に、人間の不思議さと尊さを想った。

ふと、生活ユニットの破綻《はたん》をきっかけに疎遠《そえん》になってしまった男の子たちを思い出す。恋愛をしないという取り決めはあって、彼らはそれに確かに同意してくれていたけれど、一緒にいるうちに気持ちが変わることや、取り決め通りに感情が働かないこともある。私はそれを約束は約束だと怒ってしまったけれど、こんなにもしっかりと取り決めをして四年以上一緒に住んでいる長谷川さんと江添さんの間でも決めごとをアップデートしたり、感情が思うようにいかなかったりするのに、たかだか一ヵ月で、一度の失敗で匙《さじ》を投げてしまった自分を恥ずかしく思った。でも、そういうことを含めて、長谷川さんと江添さんはベストパートナーだとも言えるのかもしれない。

取材当時の私は法律婚をしていたけれど、これを書いている今は独身で、パートナーもいない。すっかりゼロに戻った今だからこそ、何でもできるし、長谷川さんと江添さんの契約結婚のスタンス自体はどんな関係にも適用できる。

そういえば、二〇二〇年四月現在で結婚生活六年目になる長谷川さんと江添さんは一年ほど前に法的拘束力のある書類を正式に作成したそうだ。それから書籍化にあたって再度原稿を確認してもらったら、「最近は江添さんへのやきもちは皆無になりました」と長谷川さん。けれど、元気で幸せに暮らしている様子が文面からも伝わってくる。一年ごとの更新制だし、この先どうなるかはわからないけれど、今後どういうかたちになっても、人生を目撃させてほしい、お守りのような二人だ。

第三章

華京院レイ（32）

恋愛やセックスの欲求がないが、「家庭が欲しい」と思った。
精子バンクを利用して、子どもを産んだ。

好きな人の遺伝子をもらって子どもを産みたいという気持ちが高まりすぎて、日夜そのことばかり考えて脳みそをドロドロに溶かしていた時期に『ユニークな遺伝子ください』という記事を note で書いたことがある。好きな人に遺伝子だけもらって子どもを産みたいという気持ちが延々書かれているような文章で、今読み返すと良くも悪くも純粋というかピュアというか、そのことしか考えていなかったんだなと、この頃の私と今の私が地続きであることを恥ずかしくも思う。ただ、今になっても不思議だなと思うのは、あの記事に関するセクハラや誤読が多かったことだ。

かつてエッセイの連載をさせていただいていたメディアの編集長が「アイキャッチ画像をまとめ撮りするから」と予約したスタジオで身体を触ってきたり、セクハラ発言を連発してきたりする中で「佐々木さんって中出しされる趣味あるんですか？ そういう主旨の記事を書いていましたよね？」とも言われた。どこからどう読んでも「そういう主旨の記事」ではないし、あまりにも露骨なセクハラで、言われた当時はAVと現実を切り分けられない気の毒な男性による曲解だと思っていた。けれど、ライター仲間の女の子にその話をしたとき「そういう対応をされて当然でしょ。嫌なら書かなきゃいい。客観性ないの？」と手を叩いて笑われ、幾重にも絶望したのを覚えている。あの記事を書いたのは二〇一六年。まだ #MeToo のムーブメントが起きる前のことだ。時期があと数年遅ければ、あんな思いをしなくて済んだのだろうか。いずれにしても、あのときの編集長から受けた行為や、ライター仲間の女の子の発言を思い起こすと、砂利《じゃり》を噛《か》むような気持ちになる。

その件はあまりに極端だとしても、あの記事に関する誤読をしている人に遭遇する機会は他にもあった。今でも年に一人のペースで、イベントなどに来たお客さんや、見知ってはいるがほぼ喋ったことがないような人に「僕の子どもを産んで育ててほしい」という「依頼」を受けることがある。私をまるで「産む機械」とでも思っているような彼らには、正直に言って腹が立つ。私は当時から「好きな人の遺伝子をもらって子どもを産みたい」と言っているだけでそういう「依頼」を承《うけたまわ》ってなどいないし、他の女の人にはそんなお願いはしないだろうに私には平然と欲望をさらけ出してくる事実も受け入れがたい。けれど、「家族と性愛」というタブー二大巨塔のようなテーマを看板に掲げて活動している以上、日の目に晒《さら》せば叩かれるような「正しくない」欲望が集まってくるのは無理もないし、私自身も反社会的な思想のかたまりのような人間だ。自分が受け入れるかは別として、あらゆる欲望や性癖に対してできるだけフラットでいたいという信条もあるので、ひとまず彼らの話を聞かせてもらうことにしている。

まず「どうして子どもを産んでほしいのか?」と聞くと、「自分は独身で、老い先が見えてきたときにこの世に何も残せていないことが急に心もとなくなって、せめて子孫を残したいという想いに駆られた」のだという。「それならば、精子バンクに登録するという方法がありますよ」と伝えると、「精子バンクは無機質な気がして嫌だ」と言う。「あなたは子どもをつくりたいと言っているけれど、実際のところはセックスをしたいだけなのではないですか」と一歩踏み込んだ質問をすると「取り出した精液をシリンジで注入してもらっても構わない」と言う。ちなみに、その男性に関しては「子どもがこの世に生まれたことが確認できたらそれでいいから子育てには関与したくない」のだそうだ。

その男性の精子を自らの子宮で引き受けなければいけないとなると話は全く変わってくるけれど、個人的にはその男性の話を興味深く聞いた。「自分の遺伝子を残したいが、精子バンクでは嫌だ」というのは、要するに「自分が見知っていてある程度の関係性がある人との間にできた子どもでないと嫌だ」ということだろう。それでいて、子育てには関与しないし、生まれたのを確認したら会わなくてもいいというのはなんだか矛盾しているようで、いかにも人間らしいなと感じた。そして同時に、私自身が子どもが欲しいのではなく、彼の遺伝子入りの子どもが欲しく、「誰の遺伝子であるか」にこだわっている点においては、その男性と同じ感覚を持ち合わせているのかもしれない。

そうなると、精子バンクを利用した方の話を聞きたくなってくる。どうして、身近な人の遺伝子ではダメだったんだろう。「無機質な」精子バンクへの抵抗感はなかったのだろうか。そんな疑問がふと浮かび、Twitterで「精子バンクを利用した方のお話が聞いてみたいな」と呟《つぶや》くと、すぐにリプライをくれた方がいた。それが精子バンクを利用して出産し、現在一児の親である華京院レイさんだった。

「女性」や「恋愛する自分」を無意識に演じ続けていた

――自分の性に違和感を覚えたのはいつの頃からですか？

思春期を迎えるまでは全く意識したことがなかったですね。男性寄りのXジェンダー〔ここでは男女どちらでもないという性自認をもつ人〕と言うとボーイッシュな見た目を想像されるかと思うんですけれども、私の母が女の子らしい服装を好んでいたこともあって、花柄のワンピースを着て、クラシックバレエに通うような子どもだったので、見た目にもわからなかったと思います。ただ、ままごと遊びなどを全くしたことがなかったり、保育園に通っている頃の夢は新幹線の運転手さんだったりと、今考えれば、あのときから萌芽《ほうが》のようなものはあったんですけれども。

小学校まではいわゆる「陽キャ」で、クラスの中心にいる男の子のような立ち位置だったんですが、中学校にあがって、クラスの男の子に「押忍《おす》！ 元気？」と話しかけたら「お前、女のくせに変な喋り方するなよ」と言われてしまって。担任の先生にも不審がられてしまい、そのときに「あ、何か違うのかも」と思いましたね。

――自分の中に恋愛感情や性的欲求がないことを意識し始めたのも、思春期の頃ですか？

もう少し後で、二〇歳前後だと思います。当時はまだ自分の性について何となくの違和感がありつつも、強い自覚があったわけではなかったので、一女性としてキャバクラで働いていたんですね。

その頃に「彼氏もいたことがないし、セックスもしたことがない」と友人に話したら、

「それはおかしい」とか「まだ好きな人に出会えていないだけだよ」としきりに言われるようになって、ひょっとしたらおかしいのかなと思い始めたのがきっかけです。

——何となくの違和感が、より強いものに変わったきっかけは何かありましたか？

決定的だったのは、父が脳卒中で倒れたときですね。結果的に、父は一命をとりとめたんですけれども、そのときはパニックになってしまって、救急車を呼ぶときに女の子らしい自分と本来の自分のどちらで話せばいいのかわからなくなったんです。そのときあたりから「自分は何者なんだろう」と強く思うようになったのかもしれません。二〇歳のときでした。

インターネットでいろいろ調べ始めて、最初は「男性が好きじゃないから同性愛者なのかな」と「同性愛者」で検索をかけたんです。そうしたらLGBTや性的マイノリティのサイトに行きついて、ありとあらゆる項目を片っ端から見ていったら「Xジェンダー」や「アセクシュアル（無性愛者）」を見つけました。

自分に当てはまるセクシュアリティの用語を見つけたときは、「私みたいな人もいていいんだな」と存在を認められたというか、とても安心したのを覚えています。

――逆に、それまではかなりの葛藤があったのではないかと想像されます。

一番つらかったのは、自分を偽らなくてはいけないことかもしれません。ケースバイケースではありますけれども、ほとんどの場合はノンケ（異性愛者）のフリをして「男好きだよ」と言ってきました。

逆に、自覚を持つまでは、女の子である自分を無意識に演じてきてしまったので、言うなれば、どんな親友とも本心で話せていなかったことになりますよね。知らず知らずのうちに相当な負荷がかかっていたんじゃないかなと思います。

今ほどセクシュアル・マイノリティに関する理解がなく、認知も広まっていませんでしたし、特にアセクシュアルに関しては誤解も多かったですね。

「（恋愛的に）好きな人がいない」と言うと「冷たい人」だと思われたりとか、男性から暴力を受けたトラウマでそうなっちゃったんじゃないかと思われたりとか。

それから、友達だと思っていた人に告白されたこともショックでしたね。

――それは、どうしてですか？

恋愛感情がないので、私の中では「友達」が一番上にある存在で、「恋人」はそのずっとずっと下にある存在なんです。だから、相手にとっては恋人が最上位の存在であっても、私にとっては「こんなに大切に思っているのに、相手にとっては友達以下の存在なんだ」という風に感じてしまって。

もちろん、すべてのアセクシュアルの方がそうだというわけではないでしょうけれど、私としては悲しい思いをした出来事のひとつでした。

精子提供者との絆は
一ミリもないほうがいい

――華京院さんは精子バンクを利用されて、お子さんをご出産されています。もともとそういった構想をされていて、「家族が欲しい」という願望を持っていたのでしょうか？

全くなかったですね。自分が生まれ育ったのが父と母がいつも喧嘩《けんか》をしているような家庭だったこともあって、「家族」というもの自体への思い入れもありませんでした。

ただ、父とは心の距離が近かったので、父が脳卒中で倒れたときは咄嗟《とっさ》に「一人ぼっちになっちゃう」と思ったんです。そこから「家族が欲しい」と強く思うようになりました。

家庭というものへの執着こそなかったものの、五歳くらいの頃から、将来家族をつくるとしたら「私」と「子ども」という単位で家族をつくるんだろうなという考えは漠然とあったんですよね。なので、パートナーを家族として迎え入れる発想はありませんでした。


――子どもを迎え入れる方法として、精子バンク以外のアプローチを検討されたことはありましたか？


特別養子縁組制度は少し調べましたが、最低条件として法律婚している夫婦でなくてはならず、独身での受け入れは難しくて早々に諦めました。里親制度も同様に難しいと思います。

最近は、男性の同性カップルの方で里親として子どもを迎え入れたことがニュースになっていましたけれども、逆を言えば、それまでは受け入れることはできなかったということですよね。
アメリカやカナダ、中国といった養子縁組制度が普及している国から子どもを迎え入れる方法もあったと思いますが、私はあまり英語ができるほうではないので、手続き的な面でも、子どもを迎え入れた後の生活面でも難しいと判断して、精子バンクを利用することにしました。

——失礼な質問かもしれませんが、精子バンクを利用することに抵抗はありませんでしたか？

逆に、精子バンク以外の方法に抵抗がありすぎましたね。たとえば、見知らぬ男性に声をかけて、ワンナイトラブをして子どもをつくってしまう「ワンナイトラブ作戦」もなくはないかもしれませんが、「性的欲求のある女性」を演じなくてはいけなくなりますし、何より結果的に人を騙《だま》してしまうことに抵抗がありました。
精子バンクを利用するハードルがそこまで高くなかった背景には、凍結した精子によって子どもを授かった方が身近にいたということもあるかもしれません。

海外に滞在していたときに出会った方で、生まれたときの生物学上の性別は男性だったのですが、体の性別を変える手術をする前に自分の精子を凍結保存して、手術が終わった後、自分の精子を使って代理母に子どもを産んでもらったそうなんです。

そういった経験をされている方と知り合っていたこともあって、精子バンクは私にとってはかなり現実的な選択肢のひとつでした。

――知人男性に精子提供を依頼する方法もあったかと思うのですが、その選択肢を取らなかったのには、何か理由があるのでしょうか？

精子提供者との間に、絆《きずな》は一ミリもないほうがいいと思ったんです。

今まで私が仲の良かった友人に「あなただけに打ち明けるけど」と、セクシュアリティをカミングアウトしたときに「もうこれから先、私と口をきかないで」と言われたこともたくさんありましたし、どんな人間関係にも絶対の確約は持てないと思っていました。

知り合いの男性に頼んだ場合も、その知人の気が変わって親権を請求してきたら、裁判で負ける確率が相当高いと感じます。逆に、知人側も私の気が変わり養育費を請求され、裁判で負けることを心配すると思います。それに、その方が結婚した場合に、妻に「なんであなた子どもいるの？」と聞かれ夫婦仲が悪化するかもしれません。

協力してもらった知人との仲が悪くなることで、子どもに悪影響を及ぼすことは絶対に避けたいと思うんです。だったら、自分だけで育てたほうがいいし、精子提供を受けるにしても、お相手は会ったこともない人のほうが好ましいと私は思いますね。

精子バンクだからこそわかるドナー情報

――精子バンクはどのように探されたんですか？


「sperm bank（精子バンク）」や「cryo bank（凍結バンク）」と入力してヒットしたたくさんの精子バンクに、日本に送ってくれるかどうかを片っ端からメールで聞いていって「送れる」と返信があった数件の中から選びました。

ただ、マイナス二〇〇度近い液体窒素で凍らせた状態のものを魔法瓶のようなものに入れて送らなければならず、迅速かつ特殊な配送になるので、どこも送料が高くて私が調べた時には八〇万円から一〇〇万円のところが多かったですね。
私が選んだところは送料が二〇万円、一アンプル（二ミリリットル）分の精子が三万円ほどの精子バンクでした。最初はそれでも送料が高いなと感じましたが、アメリカからたった一日で届いたので、値段相応の価値はあったと思います。

――精子が届いてから妊娠まではどのような過程を踏むのでしょうか？

届いた精子を注射器のようなシリンダーに入れて作業をします。私の場合は、一ヵ月に三アンプルずつ使って、二ヵ月目で妊娠しました。

――そうした実践的な知識は、精子バンクで教えてもらえるのでしょうか？

講座などは特に設けられていませんが、私が利用した精子バンクでは、オンラインコミュニティのようなものがあって、利用者同士で話していることが公開されていました。たとえば「液体窒素って冷たいけれど、作業をするとき、みんなはどうしているの？」というライトなトピックから、同じドナーから提供を受けた方同士で会う約束をするという濃いやりとりまでがすべてオープンになっていて、（アメリカでは）それだけ一般的に浸透しているのだと思います。

――精子バンクに登録されているドナーの情報からは、どんなことがわかるのでしょうか？

人種、国籍、髪の色・毛質、瞳の色、骨格、身長、体重、右利きか左利きか、本人の趣味、父方・母方の祖父母の病歴や死亡した理由と年齢、本人の遺伝病検査の結果、過去にこのドナーで妊娠した人がいたかどうか……など、説明しきれないほどにたくさんの情報が載っています。

当時、検索して閲覧できるのは身長や体重などの限られた情報だけだったのですが、二〇〇〇円程度支払うと、すべての情報が見られます。私のようにドナーを真剣に探している人にとっては妥当な金額だと思いますね。

――普通に出会って結婚しても得られないような情報量ですね。ドナーとして情報を登録される方にも相当な覚悟が必要そうな印象です。

私も最初はそう思っていたのですが、精子を提供したドナーの多くが「生活のため」や「学費を稼ぐため」と回答している人も多く、アメリカではそれほどハードルの高いことでもないようです。

私が聞いたところによると報酬は一提供あたり五〇〇〇円程度らしいのですが、日本で言うところの「治験バイト」に近い感覚なのかもしれないなと思います。

妊娠・出産に戸惑いを感じながらも、「家族ができてうれしかった」

——妊娠がわかったとき、出産をされたとき、どんな気持ちになりましたか？

妊婦健診で「元気ですよ」と言われても、妊娠している実感が湧かず、不安に思っていたのですが、生まれたときに初めて「本当だったんだ」と安心の気持ちが大きかったですね。それから、自分のことを女性だと思っていないので「男の俺が出産しちゃったよ！」というような驚きがありました。

生後二ヵ月くらいまではミルクのあげかたなどを覚えるのに必死だったので、家族ができたという実感が湧かなかったんですけれども、生活が少し落ち着いてきた頃にはやっぱりうれしいなと感じましたね。

――お子さんが生まれた今、生活はどのように変わりましたか？

自分の中で変わったなと思ったのは、対人関係ですね。以前は知人や近所との付き合いもあまりしないし、お友達も最低限しかつくらないほうだったのですが、子どもができてからは子どもの視野を広げてあげたくて、人との付き合いをしようと努力するようになりましたね。

――逆に、悩んでいることはありますか？

ママと呼ばれることに違和感はすごくありますね。

産科で子どもを産んだ瞬間から「じゃあママ、こっちに来て」と言われて「え、俺？」って感じで違和感を感じました（笑）。これはセクシュアリティにかかわらず、「ママ」と呼ばれることへの違和感を抱いている方は多いのかなとは思いますが、自分のことを女だと思っていないので余計に……。何か他に良い呼び方はないかなと考えています。

子どもを持てる選択肢が増えるといい

――日本では、精子バンク制度が法的には認められていないのが現状ですが、どう思いますか。夫婦間の不妊治療では、第三者の精子を使った人工授精が行われているケースはありますが、法整備はされていません。

アメリカのような精子バンクが認められれば一番良いんじゃないかなと思います。それがないばかりに、ワンナイトラブ作戦に出たり、知人に提供をしてもらったりして夫婦仲が悪化してしまう人が出てくることにもなると思うので。

もちろん他の方法が悪いというわけではありませんが、しっかりと法整備がされて誰にでも開かれた選択肢が増えるのはセクシュアル・マイノリティだけでなく、パートナーを持たずに妊娠・出産したいと思う方にとっても良いことなんじゃないかなと思います。

――お子さんが大きくなって父親について聞かれたとき、どのようにご説明されますか？

嘘をつくことが一番良くないと思うので、本当のことを言います。ただ、これは選択的シングルマザーのコミュニティの中でもすごく大きな問題で、そのときの子どもの年齢によってもケースバイケースですよね。

どのように伝えるかといった具体的な方法はこれから慎重に考えていきますが、子どもが真実を知りたいと思ったときに、どこの誰かが全くわからない状況は避けたかったので、子どもが一八歳になったときにコンタクトを取れる方をドナーに選んでいます。

――最後に、華京院さんにとって、家族とは何ですか？

「防波堤のようなもの」かなと思います。人間関係などで何かつらいことがあったときに受け止めてあげられて、そこで悲しみをせき止めてあげられるような存在だと思います。

私は「家族」というものに関して、自分が生まれ育った家庭しか知らないのですが、ものすごく生きづらかったんですよね。「なんでこんなに生きづらいのか」と考えたり、本をたくさん読んだりして、「防波堤のようなもの」という答えにたどり着きました。

インタビューを終えて

精子バンクを利用する人の気持ちが知りたいというのがインタビューの最大の目的だったはずなのに、私が最も印象に残ったのは華京院さんの「女の子を演じる自分」という自意識についてだった。noteの『五体満足なのに、不自由な身体』でも書いた「女性」を擬態するような感覚は今でもある。私にはXジェンダーの当事者意識はないけれど、性自認が日々揺れたり、女性の身体という容器に居心地の悪さを感じたりすることは今までに何度かあった。好きな男の人と会うときは、「理想的な」女性を投映するまっさらなスクリーンになる。そのうちに自分の発している言葉が本当なのか嘘なのかも、その男の人が好きなのかもわからなくなってきて、「女の子」に呑み込まれる。華京院さんのお話を伺っていて、そんな自分の経験を思い出した。

私はそうした自分の自意識に自覚的でありながらも、自分としては紋切り型の女性像に囚われて、「『家族』をつくらなくては」だとか、「女性とはこうあるべきだ」という枠に自分で自分を押し込めてしまうことがあった。誰に頼まれたわけでもないのに、どうしてこんな立ち居振る舞いをしてしまうんだろうという疑問を抱いて生きてきたが、もしかしたらそうした想いは多くの女性が抱いているものなのかもしれない。

そうした想いに加え、Xジェンダーで、恋愛感情も性的欲求も抱かないアセクシュアルという何重もの葛藤を乗り越えた華京院さん。あらゆる選択肢を調べて考え尽くした上で、精子バンクを利用して子どもを妊娠・出産するという選択をした一人の人を眩《まぶ》しく見つめていた。

もともと関心があった精子バンクの話も、私の世界を押し広げてくれた。遺伝病検査の結果や祖父母の病歴までに至る情報は、精子バンクを介さないケースでは得られないことがほとんどだろう。それに、会ったことがある、見知っているなど、少しでも関係がある人間ならかえって何かしらのトラブルになりかねない。インタビューをした当時よりも様々な人間関係を経由した今のほうが華京院さんの考え方に近い心持ちではある。それでも、まだ子どもを産むならば会ったことのある人の、できれば思い入れのある人の子どもがいい、そうでないと寂しいような気持ちがどこかに残っている。あまり認めたくないけれど、これは血縁ひいてはマジョリティに対する憧れなのだろうか。「生命倫理に基づく反発心」と言ってしまえば耳ざわりは良いけれど、そもそも今の生命倫理だって社会規範の積み重ねだと考えれば「強迫観念」や「刷り込み」と言っても相違ないかもしれない。個人的には引き続き向き合っていきたい問題だ。

まだ結論が出そうにない私の思考は横に置いておいても、華京院さんのおかげで精子バンクという選択が今までよりもはるかに身近なものになった。独身者が子どもを持とうとしたときに利用できる公的な制度は今のところない。精子バンクについての安全性がどうだとか、生命倫理的にどうだとか、いろいろな意見があるかもしれない。それでも、「家族ができてうれしい」と話す華京院さんの笑顔は、私がこの目で見たひとつの真実だ。

第四章

加納土（25）

母と、母の呼びかけで集まったたくさんの人たちの中で育った子どもは、二四年後、自らの生い立ちを振り返るドキュメンタリー映画を撮った。

結婚せずに子どもを産むことを考えたとき、最大の懸念は一人で子育てができるのかということだった。その意味で、第一章で書いた女性は、私にとって希望であったし、先駆者も先駆者。「子育てもシェアしよう」という彼女の思想に感激したものだけど、二〇年以上前から東京・東中野のアパートでは非婚シングルマザーと複数人の大人たちによる共同保育がすでに行われていたという噂も耳にした。共同保育が行われていたアパートは「沈没ハウス」と呼ばれており、そこで育った子どもが成人して、自身の生い立ちを辿《たど》るドキュメンタリー映画を製作したらしいというところまでは聞いていた。

今でも「死別シングルマザー」や「離婚シングルマザー」と「非婚シングルマザー」を区別する概念を持ち合わせていない人がほとんどなのに、二〇年以上も前に非婚シングルマザーの呼びかけで集まった人たちによる共同保育が行われていたなんて。私にとっては都市伝説ほどに実感が湧かず、あまり気に留めていなかった。ところが、「沈没ハウス」で育った子どもが撮ったドキュメンタリー映画『沈没家族』がぴあフィルムフェスティバルで審査員特別賞を受賞したという話を聞いたり、京都の映画祭で本編を見た家族社会学者の永田夏来《なつき》さんはじめ多くの人が自主上映会を行ったりという話を聞くうちに、私の中で沈没ハウスでの共同保育が少しずつ立体になってきて、いろいろな打ち合わせの際沈没ハウスのことを話すようになっていた。

ただ、私のような一介のライターが丸腰で突っ込んで触れていいものなのだろうか。「家族と性愛」を掲げて数年の私が、いわば同じ業界の大御所に取材をして、齟《そ》齬《ご》を最小限に言語化することができるのだろうかと、二の足を踏んでいたのだった。

そんな折、ウェブメディア「ハフポスト」から「『沈没家族』を取り上げてほしい」という声があったのですが、取材されますか？」との話があり、腹が決まらぬまま二つ返事で、映画『沈没家族』の監督・加納土《つち》さんに取材させていただくことになったのだった。

私は加納監督に、聞いてみたいことがあった。決して「普通」とは言えない沈没ハウスで育った加納監督が自身の生い立ちについてどのように考えているのかということである。私がオルタナティブな家族のかたちを取材した記事を公開すると、決まって「子どもがいないならいいと思うけど」「子どもが可哀想だ」といった批判を目にした。私自身は、どんなに恵まれた「普通」の家庭で育ったとしたって子どもは鬱屈した幼少期を過ごす可能性は十二分にあると思っている。それに、そもそもお金を出すわけでも、子育てに携わるわけでもないくせに、他人の人生に口出ししやがってとまだ若かった私は表立って憤慨していたけれど、取材したオルタナティブな家族の実践者たちの子どもはまだ小さく、本人の意思を直接尋ねることはできずにいた。「子どもが可哀想だ」という主旨の投稿の最後に添えられる「その子が成人してからなんて言うかが楽しみですね」という言葉にわなわな震えながらも、二〇年後の子どもの気持ちを人質に取られると、口をつぐむ他なかったのである。だから、加納監督への取材はいろいろな意味でとても緊張していた。決して嘘をついてほしくはない。でも、幼少期にものすごくつらい思いをしていたとしたら。

確か六月に入ったばかりの初夏。それほど暑くもない日に皮膚を薄く覆う小さな汗の粒を拭いながら、私は取材場所に指定されたカフェに入ったのだった。

——大学の卒業制作で、「沈没家族」を主題にしたドキュメンタリーを制作しようと思ったのはなぜですか?

二〇一四年、僕の二〇歳の誕生日に開かれた「沈没同窓会」がきっかけですね。(東京の)高尾にある合宿所のような場所に約三〇人が十数年ぶりに集まって、スライドショーを見たり、みんなで酒を飲んで騒いだりしました。

沈没ハウスのことは覚えていたんですが、顔も名前も知らない人が「土はカボチャが嫌いでさー、食わせるの大変だったよ」などと口々に僕の話をしていることは、何だかとても不思議な感覚で……。

彼らや自分の育った「沈没」についてもっと知りたいという強い欲求があったので、卒業制作のドキュメンタリーの主題にしようと。

――沈没ハウスでは、どんな風に生活や子育てしていたのですか？

カオスでしたよ（笑）。建物は三階建てで、一階が広いリビングとトイレとお風呂があって、二階に二部屋、三階に三部屋あって、大きさもまちまち。それぞれの部屋に母子で住んだり、独身の男性が住んだり、行く当てがなくて困っている人が居候としてリビングで雑魚寝《ざこね》していたりの共同生活でした。

子育てに関して言えば、入居している人たちや遊びにくる人たちが、僕や他の子どもたちに関わってくれたのですが、統一したルールは決めていなかったです。

たとえば、朝ごはんと昼ごはんも、一緒に食べる人次第で教えられるテーブルマナーが違うんだけど、どっちが正解なの？　とか（笑）。そういう意味で、僕は順応性やたくさんある教えの中から自分に何が必要かを見極める能力は特訓されてきましたね。
シングルマザーを支援する側と支援される側の関係ではなく、各々が思うように接していいっていうのが特徴だったんじゃないかと思います。

――そもそも、沈没ハウスでの共同生活はどういったきっかけで始められたんでしたっけ？

母は「子どもはたくさんの大人の中で育ったほうがいい」という考えを持っていました。それに彼女自身の感覚として、両親二人だけで子育てするのは無理だと思っていたのもあって、共同で保育をする方向に進んでいったんだと思います。
最初は山くん（父）も巻き込んで共同保育をするつもりだったみたいなんですが、山くんは乗り気ではなかったし、母が山くんと反りが合わなかったこともあって、離れて住もうということになったみたいです。

――その頃はインターネットも今ほど普及していないですし、一緒に子育てする人を集めるのは大変だったんじゃないですか？

そうですね。当初は鎌倉に住んでいたのですが、まずは東中野にある上野原住宅というアパートに僕と母の二人で住んで、シフト制で共同保育をするところから始めました。母は「だめ連」というコミュニティやシェアハウス「ラスタ庵《あん》」といった、面白い人たちが集う場所にチラシを配ったり貼ったりして、界隈《かいわい》の人が集まりました。これが映画の冒頭ですね。そこから派生して、だめ連界隈以外の人も多く参加するようになりました。ただ、月一回の保育会議のときには二〇人が狭いアパートに集結するので、近隣問題になってしまって（笑）。そこで、大人数で住める家を探して、見つかったのが三階建ての「沈没ハウス」でした。

――加納さんは一歳の頃から共同保育を受け、二歳半の頃からずっと沈没ハウスで暮らしていますが、物心ついたとき、自分の置かれている環境について、どういう風に感じていましたか？

沈没ハウスに住んでいたのは小学校二年生の三月までだったんですが、住んでいる間は「これが世の中一般とは異なる家族のかたちである」ことには全く気づいていませんでした。

運動会に行っても、他の子はお父さんとお母さんくらいしかいないのに、僕のところは一〇人くらい大人が来ていたんですけど（笑）。でも相対化することもなかったし、人と違うことに対するコンプレックスみたいなものは、少なくとも沈没ハウスに住んでいる間はなかったです。

むしろ、困ったときに甘えられる親以外の大人がいるのは僕にとっては楽でした。たとえば、母親に怒られても部屋に一人で閉じこもっているんじゃなくて、他の保育人のところに遊びに行けば甘えさせてもらえるじゃないですか。居心地がよかったですね。

なので、母親が「都会に住むのがしんどい」と言って、小学二年生の三月に八丈島に移住したときはすごくつらかったです。学校でいじめにあったことも理由のひとつですが、母親が働きに出ている間は家に誰もいないですし、母に叱られても甘えられる人が他にいないので。

――映画の中で、一ヵ月間学校に行けなくなったというシーンもありましたよね。あのときは何かつらいことがあったのでしょうか？

つらかったわけではないんですけど、学校と沈没ハウスのギャップに適応できなくなったんですよね。小学校二年生の夏休みに母親と二人で東京から沖縄までテント旅をしたんですけれど、自由なヒッピー生活と相変わらずカオスな沈没ハウスは、整然とした学校からあまりに乖離《かいり》していて、「ちょっと無理だ」って（笑）。

ただ、それは共同保育がダメだったとか、沈没ハウスがもっとマトモだったらよかったとかそういう話ではないんです。他の子だったら合わなかったかもしれないですけど、僕も入居していた他の女の子もすくすく育っていますし、沈没ハウスにネガティブな気持ちはないですね。

――加納さんが映画を制作するモチベーションのひとつに「沈没ハウス」の方のことをもっと知りたいという強い欲求があったそうですね。たくさんの登場人物の中でも、加納さんが「山くん」と呼ぶ、お父さんを撮ったシーンが印象的でした。離れて暮らしてきたお父さんとは、どのように関わってきたのでしょうか？

沈没ハウスに住んでいた小学校二年生までは、毎週末会っていました。山くんにとっても、「僕に毎週末会える」っていうのがモチベーションだったみたいで、張り切っていろんなイベントに連れて行ってくれたのを覚えています。五歳のときに浅草で東宝特撮映画のオールナイトを観たり、紙飛行機大会に出場したりとか（笑）。本当にいろいろな経験をさせてもらいましたね。

僕の中で山くんは、「たくさんいる保育人の一人ではあるけど、特別な人」という認識でした。そもそも、父親がどんな存在かもわかっていなかったと思う。当時の保育ノートにも僕が「土にはパパいないよ」と言ったと書かれていますから。ただ、特別な存在であったことには変わりないですね。

――お父さんとは定期的に会われていたんですね。映画を撮る前と撮り終えた後で、大きな心の変化やギャップはなかったんでしょうか？

これは映画の中では触れていないことなんですが、中学三年生のときに山くんに関して個人的にショックな出来事があって、それ以降、山くんのことを「父として」ではなく、「一人の人間として」どう接していいかわからなくなってしまったんですよね。

高校卒業後に一度東京で会ったのですが、次に会ったのが撮影のときで、そのときにものすごく腹を割って話せたのはよかったと思っています。それまでは楽しいことだけを共有していたかったので、ある意味では本音を隠していた部分もあったんですけど、思っていることを伝えられた。

今後、山くんとの関係がどうなっていくのかは僕自身もわからないですが、撮影を通して言えなかったことを言えたのはすごくよかったなと思っています。共同保育にモヤモヤしながら、僕との距離をどう取っていくか模索していた山くんに出てもらったからこそ、「楽しかった思い出」に終始せず、映画としての厚みが出たとも思うので。

――映画の制作にあたっては、お母さんにも何度も会いに行かれていますよね。環境は変わりながらも、高校卒業までずっと生活をともにしていたお母さんを撮っていく中で、想いや関係に何か変化はありましたか？

母親はビジョナリーというか、目指すべきものに向かっている人だと思っていたんですが、撮っていく中でサバイブするためにやっていた部分も大きいんだということがわかりました。

母のスタンスとして「楽しむこと＝生き残ること」という感覚があって、その延長線上に共同保育もあったようです。それに、もう少し物理的な意味で言えば、父と離れて暮らすようになって二人きりになったときは本当に貧しかったので、そんな状況で「沈没家族」のチラシを撒《ま》いて誰も来なかったら、僕と母はどうなっていたかわからなかったですよね。その事実を知ったら、母にも保育人たちにも感謝の念がますます強くなりました。保育人の中にも「どうせ結婚できないしさ」と思っている独身の人とか、精神的に調子の悪い人とかいろんな人がいましたが、沈没ハウスのリビングに集まれば、子どもに会えて、子どもも甘えてくれる。彼らにとっても救われた場所だったと思うし、ほんの一時期だけ成立した奇跡的な場所だったんだなと改めて思いましたね。

――新しい家族や保育のかたちには「子どもが可哀想だ」という批判が集まることもあります。加納さんはいわば新しい保育のあり方で育てられた当事者だと思うのですが、そういった社会の風潮について、一個人として、どう考えていますか?

雑な言葉ですけど、気持ち悪いですよね（笑）。

わかりやすい例だと「選択的夫婦別姓」とかも、どうして人が選ぶものを尊重できないんだろうなと思います。他人の選択がその人にどんな嫌な影響を及ぼすのかなというのは率直に不思議に思いますけどね。

当事者として言わせてもらうと、沈没ハウスで育ったらみんながみんな楽しかったと思える保証はないですよ。一方で、核家族的な「普通」の家族のかたちが窮屈になっちゃう人もいっぱいいるので、いろんなやり方があっていいと思うし、それは何か一律に決めつける必要はないと思っています。少なくとも、たくさんの大人に囲まれて育った幼少期は、僕にとっては人生の糧《かて》です。

それに、突き詰めれば、どんな子どもも可哀想じゃないですか。たとえば、親がどんな職業だとか、どこに住んでいるだとか、収入だとか、どんな料理をつくってくれるだとかの一切を選べない。子どもは親に従わざるを得ないという時点で、「デフォルトで可哀想」なので、保育の仕方だけを切り取って可哀想っていうのはどうなのかなと思いますね。

――加納さんが育った「沈没ハウス」の皆さんをひと言で言うなら、どんな存在ですか？

愛すべき変人たちですよね。楽しかった。

「家族」とか「愛」とかじゃないけど、本当に楽しかったです。保育人の中には、「土を育てることに興味はないけど、楽しいから」という理由で来ている人もたくさんいたんですよ。そういう、愛を前提にしないで楽しさだけを共有している感じが僕は好きでしたね。

『沈没家族』の映画をつくるときにも「家族愛」とか「家族の絆《きずな》」とか「母との親子愛」っていうつくり方をしないように気を付けていて。だから、すごくモヤモヤしながら土との距離感を模索していた山くんの視点がなければ、映画は完成しなかったと思っています。まあ映画を観た多くの人からは「土が穂子さん（母）のことをめちゃくちゃ好きなのが伝わってくる」と言われてしまったんですけど（笑）。

――あえて聞きたいのですが、加納さんにとって「家族」とは何でしょう？

「家族」という概念は、僕の中にはないですね。母も、山くんも、沈没ハウスの保育人たちも楽しい思い出を共有できた大切な存在ですが、「この人は僕の家族だ」と思った人は今までの人生で一人もいないかもしれません。

僕は家族だと思える人がいないままに育ちましたけど、楽しい思い出を糧に生きているので、「家族」ってなくてもいいいんじゃないかなと思うんですよね。そろそろ死語になるんじゃないかな（笑）。

もちろん、家族の絆や「私の家族はこれだ」とはっきり言える人はリスペクトしますけど、そうでないからといって気の毒がられるのは寂しいというか。「家族」という概念がわからないことも、新しい家族のかたちなのかなって思います。

インタビューを終えて

加納監督への取材は二時間近くにも及んだ。柔和で朗らかながら、ひと言ひと言、噛《か》み締めるように言葉を選び、適切な言葉が思い浮かばないときは宙を眺めてしばらく静止し、「ちょっとたばこ吸わせてもらっていいですか」と席を立って思考を整理してから戻ってくる。身体からひねり出すように語られる当時の生活や自身の想いに一人の人間の人生と堆積した時間の重みを感じた。取材に対して真摯に向き合ってくださってありがたいと思うと同時に、「人の人生をお預かりする」という責任をこれまで以上に感じ、執筆にあたっても気づけば二時間一文字も書かずにパソコンに向かっていた日もあった。そうやって言葉を尽くして何とかかたちにしたのがこのインタビュー記事だけれど、今でも的確に表現できたかどうか自信がない。

取材後に劇場公開が決まった後も加納監督に会う機会が何度もあり、「劇場公開に向けて本編の再編集をしたり、感想をいただいたりするたびに僕の中での『沈没家族』が更新されている気がします」と話してくれた。だから、ここに掲載されたインタビューはあくまで取材時点での彼の語りを私の視点と持てる力の最大限をもって再現した軌跡のようなものと捉えていただけたらうれしい。もちろん、そのことは他のインタビューにも言えることなのだけれど。

加納監督に最初に会ったとき、真っ先に思ったのは「なんてまっすぐで柔和な青年なんだ」ということだ。パンチの利いた家庭で育ったと聞けば、グレたりエキセントリックになったりしてもおかしくないという発想を持っている時点で、私の中にも偏見はあるのだと我ながら身に染みたけれど、彼の寛容さと親しみやすさの総量はそのくらい大きい。彼が触れてきた何の要素がどのくらい、彼を彼たらしめているのかはわからない。もしかしたら、いわゆる「普通」の家庭で育っても彼は変わらなかったかもしれない。

ただ、ひとつ言えるのは、加納監督自身が自分の生まれ育った沈没ハウスのみんなのことを好きでいて、自分の生い立ちを肯定していることだ。インタビューの中では「沈没ハウスで育ったらみんながみんな楽しかったと思える保証はない」と言い、劇場版の最後では、「たまたま生んでくれてありがとう」というテロップが流れる。突き詰めれば、親の職業も、住む場所も、収入も、料理の腕も子どもは一切選べなくて、「可哀想」という事実だけは平等で、生まれ育った環境をどう思うかはその子自身による。「たまたま」という、加納監督の言葉の良い意味での軽さに、「家族と性愛」について追い続ける一ライターとして、一人の人間として肩の荷を下ろさせてもらった思いだった。

最後に『沈没家族』がもたらしてくれた良い話をしたい。二〇一九年九月に、北海道の帯広市という私の地元で、『沈没家族』の自主上映会が行われ、私と加納監督がアフタートークに呼ばれた。その主催は、私の母だった。自分が味わった幼少期のつらさを子どもには味わわせまいと、彼女が「完璧な母」をしてくれていたおかげで今の自分があると思いつつも、私には重すぎた愛と期待、それに応えられなかったときの手厳しい感情の跳ね返りがずっと苦しかった。そしてきっと、母も苦しかった。

自分の持っている何倍もの力を使って、四人の子どもの世話を焼き、「普通」の家族であるために奔走してきた彼女が、決して「普通」のかたちとは言えない『沈没家族』に興味を持ってくれたことがうれしかった。母は「どんどん書いてほしい」と応援してくれてはいたけれど、娘が家庭のことを赤裸々に書いて、「家族と性愛」を掲げて活動することに複雑な思いを抱かないわけはないと思う。落ち込んだときにふと申し訳ない気持ちになったことも正直あった。だからこそ、こんな風に私の関わった仕事に興味を持って上映会を企画してくれたことが本当にうれしかった。当日はとかちプラザという施設の収容人数三五〇人のホールがほぼ満員になって、泣いている人も何人かいた。書いていいのかわからないけれど、加納監督も多分ちょっとだけ泣いていた。私もほんのちょっと泣いた。終わった後は、私と母と加納監督の三人で夜の街に繰り出し、二時過ぎまで飲んだ。終始やわらかすぎるクッションフロアの上を歩いているような不思議な気持ちだったけれど、とても楽しく、思い出深い夜だった。

その後も、加納監督の母・穂子さんが住む八丈島の実家に泊まらせてもらったり、取材で仲良くなった女の子が加納監督の住む家のハウスメイトだったりと、至るところで加納監督との交点があった。一緒に住んでこそいないけれど、広い意味での沈没家族の潮流に私も巻き込まれているのかもしれない。

家族という言葉であえて括《くく》らなくたっていいけれど、こういうゆるやかな家族のかたちがあってもいいな。そう思ったら、「血縁がなくてもお前は家族だ」と言った彼の顔が思い浮かんだ。あの人、元気にしてるかな。

第五章

中村みどり（26）

一歳前後から乳児院を経て、一八歳まで児童養護施設で過ごし、大学卒業後は福祉施設等で子育て相談や生活困窮者の相談に従事。カナダでの生活を経て、現在は福岡にある里親支援のＮＰＯで働いている。

血縁というものがどうしても気になり続けていた。私の家族は良くも悪くも血縁による結束が強い。それぞれに事情を抱えながらそれぞれに苦しい思春期を過ごした私たち四人兄弟と、やさしいけれど気難しいところもあり、トラブルが起きても楽観的で放任主義の父。自分の身を裂きそうになりながら、私たち家族ひとりひとりのケアをしてくれた母のおかげで家族が繋《つな》ぎ止められ、私たちは今でも家族をやれている。アベンジャーズのようにキャラの立った個性派揃《ぞろ》いの私たちは顔を合わせれば二時間で誰かしらが喧嘩《けんか》してしまうし、未だにお互いのことをよくわからないと思っているけれど、理解を諦めず均衡点を探り続けようとする姿勢は六人揃って住んでいた頃に培《つちか》われた財産だ。それが血縁によるものなのかはわからない。けれど、血縁によるつながりを重んじた結果、結束が強まった、とは言えるだろう。

ただ、私たち家族の関係性がやや異常、あるいは過剰だと気づいたのは大学に進学してからだった。国際関係の帰国子女が多い学科に通っていたこともあり、いろいろな国や地域から集まってきた様々なバックグラウンドを持った友達と交流するうち、自分の家の特異性に否応なしに向き合わざるを得なくなったのだ。自分の家族はちょっと関係が密すぎるかもと思ったとき、家族と距離を置きたくなった。私は自分の生まれ育ったかたちと違う家族をやるのだと反抗心に燃えた。しかしながら、自分の生まれ育った環境を起点にして「自分はこうなるまい」と強い意志を持って家族を築こうとした母と同じ轍《てつ》を踏むのではないかと思うと怖くなった。血縁家族に対する拡張家族という考え方に憧れを抱きながらも、そちら側に舵《かじ》を切りきれない燻《くすぶ》りが私の中にずっとあったのである。

血縁家族とそうではない家族の二項対立の間で揺れていた私に、児童養護施設で育った方の取材をしませんかというお話が舞い込んだ。恥ずかしながら児童養護施設のことをほとんど何も知らなかったし、こう言っては失礼にあたるかもしれないけれど、いわゆる「家庭」で育った経験のない人の「家族」の捉え方にはとても興味があった。しかし、無知過ぎていらぬことを聞いてしまうのではないか。

切れかけた電灯がチカチカするように不安定な心持ちで、私はインタビューに向かった。

「施設で生活していること」が当たり前だった幼少期

――そもそも、のお話にはなってしまうのですが、児童養護施設というのは一体どういった施設なのでしょう？

「いろいろな事情で保護者と一緒に暮らせない子どもたちが生活する場所」ですね。児童福祉法により、乳児院はおおむね〇～二歳、それ以降は児童養護施設で一八歳までとなっています。子どもの状況に応じて二〇歳まで生活することもできます。生活する場所が施設ではなく里親家庭の場合もありますが、現状は里親よりも施設で生活する子どもたちが多いですね。

施設は都市部を中心に全国にあり、五、六人のグループホームの形式を取っている施設もあれば、一〇〇人を超える施設もあり、規模はまちまちです。

「虐待された子どもが行く場所」と思われていることも多いかと思うのですが、保護者が子育てに困っているとか、経済的な面で余裕を持って子育てができないとか、入院しているとか、施設に預けられる事情も本当に様々です。

――中村さんはいつから施設で生活されていたんですか？

一歳前後に乳児院に預けられて、その後二歳くらいからは児童養護施設にいたみたいです。

今でこそ、その子の生い立ちを大事にしようと言われ、預けられた経緯をわかりやすく伝える流れができてきていますが、私が子どもの頃は「言ったら可哀想」という風潮があったので、当時の家庭環境についての記憶は曖昧ですね。

親が離婚していて私が物心ついたときにはお父さんしかいなかったので母の記憶が全くないですし。唯一の親であるお父さんもいつ会ってもお酒を飲んで寝ているという感じだったので、「親が育てられないから施設にいるんやろうな～」と何となく思ってはいました。

――施設で生活していることを不思議に思ったことはなかったんでしょうか？

小学校のときはなかったですね。いじめられたこともないですし、施設と学校の距離が近かったこともあって、私以外にも施設から通ってきている友達もいたし、他のクラスメイトにとっても施設の存在は当たり前に受け入れられていたんですよね。ただ、母の日に向けてお母さんの似顔絵を描くことになったとき、施設の子は全員職員さんの似顔絵を描くわけですよ。そのときに「これは何なんやろうな」と疑問に思ったことはありました。何となく、他の子と違うな、という。

徐々に違和感を抱き始めた思春期

――他の子との違いを明確に意識し始めたのはいつですか?

中学生になる頃からですね。三つの小学校の区域がひとつの中学校になるので、施設が身近でないクラスメイトもいる。仲良くなったお友達に「私、施設で生活してんねん」って話しても「それって何?」と言われてしまって、みんなそもそも施設を知らないという状況でした。

施設で暮らしている自分たちと他のクラスメイトは違うと気づいて「この違いは自慢できることではなく、どちらかというとネガティブなことなんじゃないか」と強く思ったんです。

小学生くらいまでは、そうした優劣を感じるようなことはなかったんですよ。ドラマの『家なき子』が流行っていて施設のみんなで見ていたんですが「可哀想」「なんで施設に来ないのかな?」なんて話をしていたくらいです(笑)。

――自分たちにとっては普通だったことが、年齢を重ねるにつれ、みんなにとっては普通ではないんだ、と気づいたということでしょうか。

そうそう。施設ってメディアでほとんど取り上げられないでしょ? サスペンスドラマで「犯人は施設出身者だった」のような扱われ方はするけど、そういうこと以外では(笑)。

一方、いわゆる「普通の家庭」というのはいろんな番組に出てきますよね。お父さんがいて、お母さんがいて、子どもたちがいて幸せ、という。施設で暮らす自分たちは、そういう家庭に育っていない。中には「捨てられた」と思っている子もいたし、施設で生活しているのは良いことではないんだ、という思いが芽生えてきた時期でした。

中学生のときから大学生くらいまでは施設で生活していることや、親がいないことをかなりコンプレックスに思っていて、そんな自分も嫌いで、ずっと自信を持てずにいましたね。

「自分で進路を選び取れたこと」と「自分のルーツ探し」がターニングポイントだった

――大学生くらいまで自信がなかったとおっしゃっていましたが、そういった点を突破できたのにはきっかけがあったんでしょうか？

ターニングポイントはいくつかあるんですけど、「自分で進路を選び取れたこと」と「自分のルーツ探し」かなと思います。

うちの施設で育った人はみんな、高校を卒業すると寮付きの仕事に就いていたので、ほぼほぼ進路が決まっていたようなものだったんです。私自身も「何がやりたい」とか「こういう仕事に就きたい」という気持ちはありませんでした。でも、高校生のときに、児童養護施設で生活している若者や経験者の「居場所」と、「人とのつながり」をつくるきっかけとなればと考えて、CVV（Children's Views & Voices）という任意団体を立ち上げたのですが、そこでロールモデルとなる先輩に出会えたのが転機でした。

彼らが福祉や心理の道を志して大学に行っているのを知って、「自分の人生にもそういった選択肢を付け加えていいんだ」と思えたんですよ。ずっと受け身で与えられたことを上手にこなしていたところから、自分の将来は自分で選び取っていいんだと気づけたのが大きかったですね。

奨学金を借りて大学には行くことができました。ただ、施設でずっと過ごしていたのに急に一人暮らしを始めたので、ものすごく孤独を感じました。アルバイト先でお盆やお正月に「帰省しないなんて親不孝者やね」と言われても、施設で育ったことなんて誰にも言えないし、しんどかった。

そんな時期が続いたんですが、友人の提案もあって、大学三回生のときに本籍地に行ってみようということになって。私は生まれも育ちも大阪なんですが、本籍が宮崎なんですね。小学五年生のときに亡くなったお父さんの記憶がぼんやりとある以外は自分の生い立ちも全くわからないけれども、唯一の情報である戸籍を頼りに「自分のルーツ探し」をしに宮崎に行きました。

そしたら、自分のお父さんが宮崎から大阪まで来た道のりの遠さが感じられたんですよ。親としては嫌いだったし、よくわからない存在だったけど、一人の人間として生きてきたお父さんを認めてあげられたのが個人的に大きいかなと思っています。今の自分でもいいんじゃないかなってやっと思えた。自分を肯定的に見られるようになる、ステップ2という感じで。

〝家庭〟を知らないことは、ときにアドバンテージになる

――大学卒業後は、福祉の道に？

大学を出て不登校の子どもたちの居場所をつくる仕事を経て、地域の福祉相談窓口の相談員として、大阪で二年間働いていました。

そのときに「子育て経験がないのに子育ての相談に乗るなんて」と言われたことがあっ

たのですが、それが私にとっては逆に仕事上での自信になったんですよね。

――具体的にはどういうことですか？

確かに経験がないことについて相談に乗ることは弱みにもなり得ますが、一方で、自分の経験の押し売りにもならないですよね。いろいろな家庭のいろいろな事情があるのに、相談員とはいえ一個人のモノサシで「こんなひどい家庭で可哀想」とか言われたら、しんどいじゃないですか。家庭のイメージがないからこそフラットに、いろんな家庭に柔軟に対応できるんじゃないかなと。それが自分のバックグラウンドを強みに捉えられた瞬間でした。

相談員の仕事を二年やった後は、二〇一〇年から二〇一一年の一年間、ワーキングホリデーでカナダのトロントに行きました。英語が全く喋れない状態で行ったので、飛行機の中で温かいコーヒーを頼んだつもりが冷たいコーラが出てくるとか、そういう失敗談ばかりなんですけど（笑）。でも、「自分で何でもどこでもやれるんやな」と思えたのは良かったですね。

――カナダに行かれたのは何か理由があったんでしょうか？

カナダにワーホリに行った人がたまたま周りにいて「いいな」と思っていましたし、三〇歳までに行かないとビザが下りないんですよね。そのために貯金をして、今だったら行けるかなというタイミングで行くことにしました。

大阪の高台にある施設でずっと暮らしてきて、天気が良いときはそこから海が見えるんですよ。小さい頃から漠然と、海の向こうに行きたいなあという気持ちがあったことも大きいのかもしれません。

――カナダで一番感銘を受けたことは何ですか？

「アドボカシー」という概念（自らの権利を十分に行使することのできない社会的弱者やマイノリティの権利の代弁、擁護。または、特定の問題（環境、保険医療、雇用等）における政策提言）が浸透していて、子どもの権利をきちんと守ってくれる制度や仕組みがあることですね。ワーホリの後半には、「アドボカシーオフィス」という子どもの権利を守る機関に出入りするようになったのですが、そこで、カナダには「子どもには権利があって、その権利を守らなければいけない」という姿勢がきっちりとあることを学びました。そして、それは里親家庭の経験者とそれをサポートするソーシャルワーカーが自分で声をあげて獲得してきたものなんですよね。

「アドボカシー」という概念から子どもの権利を守る動きは、日本では今のところあまりないんですよ。これからだとは思うんですけど、もっと重要視されていいんじゃないかと。

――それだけ大々的に子どもの権利を大事にしているカナダであれば、里親家庭で育った子どもへの社会のまなざしも温かいのでしょうか。

温かいというか、当たり前になっているんですよね。親と離れて生活する子どもたちがいれば、里親家庭や養子縁組に行くんだろうなって。制度が広く認知されているから、里親家庭だというのをあまり隠さないみたいですね。

それから、髪や目の色などの外見で明らかに血縁でつながっていないとわかる家庭もけっこうありますが、カナダはもともと多文化主義の国なので、そのあたりもあまり気にならないんですよね。

メディアの話で言えば「里親家庭のサザエさん」みたいなドラマもあるんですよ。それだけ里親制度が社会に広く浸透しているということでしょうね。

——日本でも二〇一六年五月に児童福祉法が改正され、現在の施設養育中心から、養子縁組や里親、ファミリーホーム（小規模住居型児童養育事業）などの家庭養育へシフトしていくことが明記されました。その変化は感じますか？

まだそんなに時間が経ってないですし、これからかな。ただ、児童福祉法が改正されたのは、施設養育から家庭養育に移行していこうとする点でも、子どもの権利がきちっと明文化されている点でも、大きい変化ですね。何かがすぐに劇的に変わるわけでなくても、ここ数年で大きく変わりそうな気がします。

ただ、シンプルに「施設はだめ、家庭はいい」という話ではないんですよね。子どもにとって、特に親と一緒に生活できない子どもたちにとって何がいいのかって考えたときに、子どもによっては養子縁組という方法もあるし、養育里親がいいかもしれない。思春期の子や心理のケアが必要な子は、専門の人がきっちり配置されている施設がいいこともある。

「子どもにとってどうなのか」というところをベースに制度とかシステムを考えていく必

要があって、単純に何かを潰せばいいというわけでもないから難しいですね。

でも、施設が九割、里親が一割という既存の制度では子どものニーズを絶対に満たせていないですよね。里親家庭が必要な子どもに、家庭を提供できていないところが日本の児童福祉の課題かなと思います。ただ、数を増やせばいいというわけでもないので、子どもにとって良い里親さんを増やしていこうと、日々仕事しているところです。

制度を変えるのに必要なセンセーショナルさ、正しく伝えるフラットさ

――「施設育ち」や「里親」と聞くと、ネガティブなイメージがまだまだあるのが現状かと思うのですが、実際はどうなんでしょうか?

進学する場合には奨学金を借りたうえで、在学中も朝晩バイトしなければいけなかったので、そういうことをしなくていいクラスメイトはいいなと思っていたんですよ。「全然苦労しなくていいなー」っていう妬《ねた》みもあるし、そういう意味では施設育ちってマイナス

ですよね。特に福祉系の仕事をしていると、奨学金の返済はけっこう負担が重いので、結婚や出産など、自分以外の周りの人を新しい家族として人生に組み込んでいくのが難しい部分があります。

でも、「施設で育ったこと」や「お母さんがいないこと」自体は可哀想なことでも何でもないんですよね。もちろん施設の環境にもよりますが、施設で育ったという事実以上でも以下でもないんです。たとえば私の中には母親というもののイメージがないんですね。それはただ「ない」だけなので、「お母さんがいなくて可哀想」と言われても……というか。

――もともと「ない」ものに「会えなくて寂しい」とは思わない。

そう。あまり理解されないのですが、私の中ではお母さんという「存在」そのものがないんですね。私にとってどういう役割の人か、わかっていないと言ってもいいかもしれません。でも、お母さんの存在を当たり前に思ってきた人たちには感覚としてわかってもらえないことも多く、「あなた本当はお母さんに会いたいんじゃないの?」「可哀想だね」で片付けられてしまうことも多い。

福祉の仕事に就いていることも色眼鏡で見られることが多くて「大変な思いをしてきたのに、福祉施設で働いて偉いね」みたいな目で見られるのがすごく嫌で、大人になっても施設を経験した、ということを伏せてきた時期もありました。

よく施設経験者同士でも話すんですが「施設育ちだ」と人に言うと「そんなこと聞いちゃってごめん」と言われるんですよね。でも、「謝られても困るよね」って。私たちにとっては、聞いてもらって全く問題ないんですよ。だって、自分たちの当たり前が「施設で育ったこと」というだけだから。

どんな親であっても、子どもにとってはかけがえのない存在

――児童養護施設は虐待を受けた子どもが行く場所、という認識を持っている方も多いですが、実情はどうなのでしょうか?

そこは難しいところですね。施設で育った子や里親に預けられた子が必ずしも虐待されているわけでもないですし、はたから見たときに明らかに虐待でも、子どもはそう思っていないかもしれない。

虐待を受けたトラウマのケアは絶対に必要です。ただ、子どもにとってはたとえどんなにひどいことをされても自分の保護者は大切な存在なので、そこは認めてあげる必要があると思います。

「あなたが暴力を受けるべきじゃないんだけど、でもそういうことがあっても、あなたの大切な家族かもしれんね」と、捉え方を変える。周囲の大人が「あんたのお父さんはひどい、お母さんはひどい、虐待をされて育ったからあなたにはとても深刻な傷があるのね」と決めつけてしまうと、その子自身が本当に生きづらくなってしまいます。

――どんな親であっても、子どもにとっては唯一無二の存在ですもんね。

親の立場に寄り添ってみる必要もあると思っていて。赤ちゃんって、すごく可愛い存在じゃないですか。その存在を可愛いと思えないのって、すごく深刻なことだと思うんですね。そこまで追い詰められてしまっているというか……。それって、個人の問題を超えた、社会の問題なんじゃないのかなって。

それに話を聞いてみると、両親は案外子どもを大事に思っていたりするんですよね。多くの場合、やり方は間違えているんですが、それでも、大事に思っている。「本当は、お父さんもお母さんもあなたのことを大切に思っている」ということは、子どもがその後の人生を生きる糧《かて》になるんです。だから、子どもが成長したときに同じことを繰り返さないように悪い行動は悪いと伝えつつも、大切に思われていたという事実はきちんと伝えていかなくちゃ、と。

――メディアでは「鬼のような母」「残酷な父」などと煽《あお》る見出しが並ぶことも多いですよね。

メディアのセンセーショナリズムが、法律をつくったり制度を動かしたりしていく上ではすごく重要で、そのおかげで「子どもの命を守ろう」という世間の声が大きくなり、児童虐待防止法ができた経緯もあるんですよ。ただ、それに囚われすぎてしまうと、みんなが生きづらい社会になる。

親も、虐待と疑われるかもしれないと思ったら「子どもを何とか泣き止ませないと」となると思いますし、そうなったら余計追い詰められてしまいますよね。だから、センセーショナルな部分だけでなく、事実をフラットに伝えるメディアがあってほしいなと思います。

「これとこれが揃っていたら家族」というものではない

――施設で過ごしたことや孤独との葛藤を経て、自らのバックグラウンドを強みに変えていらっしゃるなと思ったのですが、その上で中村さんの家族観を伺っても良いですか？

私は八人兄弟なので、血縁的に言えば、お兄ちゃんや弟が家族に当たるんですが、私にとっての家族ってもっと大きいというか。たとえば施設で育つと、一緒に暮らしている人みんな、血縁がないわけじゃないですか。でも、施設を出てからも支え合っている。「これとこれが揃《そろ》っていたら家族だよね」というものではないかなって。ただ、支え合うシステムのひとつではあると思うんですよ。特に日本では、まずは家族同士で助け合いなさいとなっているので。だから、人が支えるシステムのひとつが家族というチームなのかなっていう気はしています。

ただ、その構成メンバーがお父さんやお母さんである必要はないと思います。人によって、もっと自由に考えてもいいんじゃないかなって。私だったら同じ施設にいた仲良しの友人やその家族も「家族」だし、もちろん血縁関係のある兄弟も、そうですね。

――そういった家族観は最初からお持ちだったんですか?

今でこそ言えるという感じですね。二〇代のときはもっと、お父さんがいてお母さんがいて、という「当たり前の家族」に支配されていた気がします。

でも、実は社会にはもっと多様な家族があるんですよね。「当たり前の家族」というものを強く思っていたのは自分のほうだって気づいたんです。

私は家庭で育った経験もないし、家庭っていうものがいまいちわからなかったわけですよ。いま結婚もしていないし、子どももいなくてとなったときに、一人で家族がいないのかって言ったらそんなことはない。

一緒に施設で育った経験者やCVVの仲間が家族であってもおかしくないなと。最近は同じ施設で育った仲の良い子同士で「老老コミュニティ」をつくろうって話していて

（笑）。

――老老コミュニティ？

年を取ってからの計画なんですけど、一緒に住まなくてもいいから定期的に連絡を取り合うようにしようって。結婚をして自分たちの子どもにお世話になるのではなくて、私たち自身でサポートし合おうと言っています。これってもう、家族だなって。

――それ、すごくいいですね！

「家族」にもいろいろな関わり方がある

――とはいえ、中村さんご自身、結婚、そして子どもを産む、育てる、ということについてどのようなお気持ちですか？

予定ではもうとっくに結婚しているはずだったんですけどね（笑）。子どもと関わるのはすごく好きなので、育ててみたい気持ちはあります。ただそれは、自分の子でもいいし、そうじゃなくてもいいかなと思っています。

同じ施設で育った子が、結婚していま三歳の子がいるんですけど、夫婦二人とも親族のサポートがないんですよ。里帰りする場所のひとつとして、私の家に泊まりにきてもらったり、仲間の家に泊まってもらったりしたことがあって。私にとってその人たちはもう家族なので、そういう関わり方でもいいかなと。自分の子ではないですが、めちゃくちゃ可愛がっていますしね。

「家族たるものこうあるべき」ということではなく、そういう感じで柔軟に、新しい家族をつくっていけたらいいですね。

インタビューを終えて

中村さんの取材をしている最中、私がハッとしたのは「家族」という概念が絶対的なものではないということだ。母の存在がはじめからなかった中村さんにとって「お母さんがいなくて可哀想」という発想が的外れで「ない」以上でも以下でもないという話を聞いたとき、自分の中にある固定観念がいかに根深かったのか初めて気づかされた。「可哀想」を差し向ける人に対して「哀れむな」と抵抗すること自体、ある種「可哀想」を助長している。「的外れ」だという視点が全く欠けていたことに、己の狭《きょう》量《りょう》さを恥じた。

「子どももいないのに子育ての相談に乗るなんて」という批判を受けたという話についても思うところがあった。こうした経験至上主義的な考え方は、経験していない人から言葉を奪ってしまう上に、経験してさえいれば何を言ってもいいような空気を放つ。そういった風潮をどうすれば打破できるのかとかねて考えてきたけれど、「経験していないからこそフラットに対応できると思った」という中村さんの言葉は、今でも事あるごとに思い出される。

それから、この取材で最もインパクトがあったのは、虐待を受けた子どもへのケアの話だ。虐待を受けた子どもの親について「鬼のような母」「残酷な父」などと煽るような書き方がされることは子どもの居場所を奪うことになりかねないと中村さんが言ったとき、私は一見関係のない、自分の経験を思い出していた。「遺伝子の彼」のことだ。

「あなたの遺伝子をください」とお願いして断られた後も私は彼に夢中で、彼に言われれば仕事を手伝ったし、お金もいくらか出した。少しでも足しになればと作品を購入し、「来月までに三〇〇万円が欲しい」と言われて、資金繰りに奔走したこともある。そこまでした理由は、純粋に彼のことを好きだという気持ちはもちろんあるけれど「数年以内に結婚しようと思っていて、お前もその候補の一人だ」と言われたことが大きい。蒸発する約束だとわかっていても初めて提示された未来の可能性にどうしても賭けたくて少しばかりお金を払った。今となってはどうしてそんなことをしたのだろうと思うけれど、彼が人生のすべてだった当時の私をバカにはできない。その数ヵ月後に、彼が結婚しているかもしれないという情報の断片をTwitterで見つけて電話をかけ、しらばっくれる彼を問い詰め続けて数分、今度は「お前も知ってると思ってた」と手のひらを返され、私の中の何かがぐしゃりと音を立てて壊れるのがわかった。

でも、もっとつらかったのはそれからだった。その話を友達に打ち明けるたびに「そんな男別れて正解だよ」と言われた。みんな、私の代わりに怒ってくれたのだった。私の代わりに怒ってくれているのに「そんなことない！」と言うのも変な気がして、言ってみれば捨てられているのに相手を庇《かば》うとみじめな気がして、彼について一緒になって悪口を言った。悪口を言えば言うほど、口から出た澱《おり》で視界が霞《かす》んでいった。ひどいと罵《ののし》って心を落ち着けたい気持ちがなかったといえば嘘になる。

けれど、そうやって彼を悪く言えば言うほど、寄る辺がなくなっていく気がした。なぜなら彼は当時の私のすべてだったのだ。自分の想定とは違うことをされても、嘘をつかれても、たとえ最低なことをしたとしても、私にとっては大切な人だった。虐待のケアにもDVのケアにも同じことが言える。ケアは絶対に必要だけれど、加害者を悪く言ってはいけないということは身を以《もっ》て感じていたし、今後自分がケアする側に回ったときのためによく覚えておこうと思った。

中村さんのライフヒストリーを聞きながら、私は頭の中でいろいろな引き出しが開くのを感じた。全く違う背景なのに、自分に地続きな部分があるようで不思議だったし、どうして中村さんのインタビューがこんなにもずっと心に鳴り響いているのかは今でもよくわかっていない。少なくとも、定期的に読み返したいセーブポイントのような、大切な取材だったことは間違いない。

第六章

オノマリコ（34）
モスクワカヌ（34）

女性同士のルームシェア。
恋愛関係にはないが、同性パートナーシップ制度を利用して
「家族」になることを検討中。

同性の友達とはどうして家族になれないのだろうと素朴な疑問を抱いてきた。恋愛結婚が九割の昨今の日本においても、同性カップルの法律婚は認められていなくて、異性間の結婚は恋愛関係になくてもできる。親権や相続の法律の観点から言って、結婚制度は子どもを持つことを想定してつくられた制度だから、というのは容易に想像できるけれど、だとしてもそれ以外に家族になる方法が全くないのは時代にそぐわないし不自由だと感じる。何もかもを国家に委ねるのは体制を強化してしまうネガティブな側面もあることを今は理解しているけれど、それでも「自分と大切な人との関係を公にしたい」という愚かな、しかし切実な想いは捨てきれない。そして同じような想いを抱いているのは私だけではないはずだ。

「同性の友達と家族になる」というトピックは喉の奥がグッと詰まるような思い出を呼び覚ます。冒頭の「遺伝子の彼」を筆頭に、結婚に不向きな男性ばかり好きになってしまううえ、恋愛が上手くない私は、彼らを愛し続けるために結婚に代わる安定した生活を確保しなければならないと考えていた。だからこそ男友達と「生活ユニット」なる試みもしていたのだけれど、ことごとく失敗して途方に暮れていたとき「一緒に住みませんか」と言ってくれた女性がいて、その人と二ヵ月だけ同棲していたことがある。

その女性とはTwitterで知り合った。まだ、会社員として働いていていた頃に相互フォローになり、お互いのツイートにいいねをし合ってコミュニケーションを取り合っているうちに仲良くなった。何度か会ううちに一緒に住む話が進んでいた。年齢は確か七つくらい上。今思い返すとびっくりするけれど、部屋の契約書にサインするときまで、私は彼女の本名も知らなかった。しかし彼女との間では本名も年齢もどうでもよかったのだ。私は彼女が好きだった。

そう言うと「付き合っているのか」とか「バイセクシュアルなのか」と聞かれるかもしれないけれど、付き合ってはいなかったし、恐らくはバイセクシュアルでもない。強いて言うならば「パンセクシュアル（全性愛）」と言ったところだろうけれど、私にはセクシュアル・マイノリティの自意識はない。とにかく、遺伝子の彼とは別で、その女性のことが好きだった。恋愛感情なのかと聞かれると微妙で、しかし他の女友達と一緒だと言えば嘘になる。どういう箱に仕分けられる感情なのかはわからないけれど、私は彼女が好きだという事実は確固たるもので、それだけのシンプルな理由で、私たちは一緒に住み始めた。

どういう話し合いを経たのか話し合いを経なかったのか忘れてしまったけれど、料理は彼女がよくつくってくれるものを分けてもらっていた。私は彼女のつくるご飯や彼女がご飯をつくってくれることについてうれしく思っていたし、むしろどんどんつくってほしいと思っていたくらいだけれど、そういう自分の気持ちに男性性の萌芽《ほうが》を感じていた。実際に彼女にもそう言われた。その頃の私は今以上に生活において怠惰で、ご飯をつくらないことはもちろん、使った食器をちゃぶ台の上に置いたままだし、部屋は散らかりっぱなしであらゆる面でガサツだった。

そんな私について「ののかさんって本当に男の人みたいですね」と彼女が笑いながら言った何気ないひと言で、身体に針金が入ったようにギクリとした。彼女との生活は楽しかった。けれど、自分が男性になっていってしまうような気がして怖かった。そういうことや、それ以外にも一緒にいる時間を共有できないことなど、いろいろなことが重なって、私たちは二ヵ月で解散してしまった。お別れするときに彼女に「私たちの間にもしもセックスがあったら、言葉のコミュニケーションや生活のすれ違いをカバーできたかもしれませんね」と言われたのを覚えている。今思い返しても心が締め付けられるように苦しくなる思い出のひとつだ。

そういうわけで、私は同性と家族になることに失敗した。おまけに、その一年半後には異性との結婚にも失敗して離婚し、ボロボロになっていた。もう「家族と性愛」になんか向き合いたくないと塞《ふさ》ぎこんでいた折、ある家族のことを思い出していた。

それは、劇作家の女性二人の家族だった。彼女たちとは、二〇一七年に企画したある展示のときに知り合った。彼女たちは恋愛関係にはないけれど、お互いを家族的な存在だと思っていて、同性パートナーシップ制度を利用して養子をもらうのもいいねなどと話していると言っていた。家族に関して希望が見えない混沌《こんとん》の中で、何かしらの可能性を見たかった。彼女たちは私のいろいろな実践を知ってくれていたし、今ボロボロになっている私でも、彼女たちにならば会えるかもしれない。そう思って、勇気を出して依頼をしたのが、この取材だった。

「自分の気持ちにブレーキがかからなかった」で同居スタート

――お二人が一緒に住むようになったきっかけは何だったんでしょうか？

オノマ　兄夫婦が仕事の関係でイギリスに一年間駐在することになって、その間に一軒家に住んでいいよと言われたことがきっかけでした。広い家での一人暮らしは持て余してしまうので、ワカヌさんを誘って一緒に住み始めた感じです。
でも、その前から一緒に住む話は出てたよね？

ワカヌ　そうだね。リコさんはよくうちにも泊まりにきてくれていて、一緒に住めたらいいよねとお互いに言っていた気がする。

オノマ　当時は神奈川の実家に住んでいたんですけど、都内で仕事をしていると終電に間に合わないことが多くて、一人暮らしをしていたワカヌさんの家に泊まらせてもらっていたんだよね。もともと仲の良い友達で、お互いに劇作家になる前に知り合っていたのも大きいかも。

——でも、同年代の劇作家だからといって一緒に住みたいという気持ちにはならないですよね？　どうやって信頼を築いていったのでしょうか？

オノマ　劇作家としてデビューした日が近かったんですよね。だから、お互いの作品を観に行ったり、演出助手として同じ現場で働いたりしたこともあったからかな。

ワカヌ　私が覚えているのは、リコさんに誘ってもらって文楽に行ったことがあったでしょ？「チケットもらったから行きませんか？」って。私、開始五分から最後まで大爆睡してしまったんですよ。
　私も空気が読めないところがあって、観劇後に喫茶店に入ったときに「すごく気持ちよく寝ちゃった〜」って言っちゃったの。そうしたら、「寝るよね〜」って言ってくれて、「あ、この人いい人だな」って（笑）。

オノマ　私、そこで信頼されたんだ（笑）。

ワカヌ　そのうちに、演出助手として一緒の現場で作業するようになったんだよね。

オノマ　お互いに人見知りなので、少しずつ仲良くなっていった感じだよね。私がワカヌさんのことで印象的だったのは、どの現場でも好かれる人だなっていうことだったな。

ワカヌ　人数の多い現場だったから短時間でコーヒーをたくさん淹《い》れなきゃいけなくて、「小さい穴からポトポトポト出ているのがいけないんだ！」って思って、コーヒーを濾過《ろか》する部分を外しちゃったのね。そしたら、床がコーヒーの海になっちゃって……。

オノマ　そのときに、周りが「さすがワカヌさん。あいつまじで面白いな」ってなったんだよね。「コーヒーをこぼしたのに、みんなが沸いてるぞ。この人一体何なんだろう……」って思った（笑）。

——二人の個性がエピソードから伝わってきます。ご実家以外で、どなたかと同居された経

験はありますか？

オノマ　まだ劇作家になる前の会社員時代に、一番上の兄と四年間住んでいたことはありましたね。兄の職場と私の職場のちょうど中間地点で、２ＤＫのアパートを借りて住んでいました。

私は三人兄妹の末っ子で、上に兄が二人いるんですけど、一番上の兄は兄妹愛が特に強い人だったのでずっと仲良くて。でも最後はあまり仲良くなかったですね（笑）。

部屋は分かれているんですけど、共同スペースの掃除を兄が一切してくれなかったことや、私が仕事を辞めてイライラしているタイミングが重なったからかもしれません。

ワカヌ　私は家族以外の人と同居したことはないんですよね。もともと、誰かと住みたい欲がなくて、とにかく一人になりたかったんですよ。実家を出て、アパートで一人暮らしをしてみたら、あまりに快適でこの暮らしを絶対に守りたいと思いました。

――一人暮らしが快適だと思っていたのに、リコさんと一緒に住むことにしたのはなぜですか？

ワカヌ　自分の気持ちにブレーキがかからなかったので、流れに身を任せてみようと思えたというか。もちろん誰でもよかったわけではなくて、知らない人は無理だし、リコさんに誘われたっていうのは大きいと思います。不思議と「住んでみようかな」と思えました。

オノマ　その後、一年間一緒に住んだ後に兄夫婦が帰ってきたので、家探しをして、今の家に引っ越して。うまくいかなかったら解散していたかもしれないけど、二人とも心のうちは一緒だった気がします。

同居がうまくいく秘訣は
お互いのキャパシティがわかっていること

——実際に二人で住んでみて、快適だったところと難しく感じたことがあれば教えていただけますか?

オノマ　どちらもありますね。スムーズだったのは、部屋に入っちゃうとお互いすごく静かだというところ。いるのかいないのかわからないくらいです。ただ、喧嘩《けんか》まではいかないものの、どうしてもちょっとしたぶつかり合いはありましたね。まあ、ゴミの分別の仕方とかなんだけど（笑）。

ワカヌ 共同スペースのインテリアで、私は可愛いものを出しておきたいし、リコさんは使うものを出しておきたいっていう違いはあったかな。

オノマ あとは、炊いたお米や鍋物のおかずをシェアするのはいいけど、食べきってはいけないというルールができるきっかけになった事件も起きたよね。

――事件、ですか？

ワカヌ リコさんがつくったトンポーローがおいしすぎて、炊いてあった白米を私が全部食べてしまったんです。さすがに悪いなと思って、自分で買ってあった玄米を炊いておいたんですよ。そしたらリコさん、すごくショックを受けていたよね。

オノマ だって、トンポーローに玄米は合わないもん（笑）。

でも、そうやって一緒に住みながら少しずつルールのようなものができていった感じかな。ご飯も一緒に食べるときもあるけど、そうでないときもあるし。

家事の役割分担みたいなことも、私は朝早く起きるのが苦手だから、ゴミ出しをお願いするようになって、何となく決まっていきました。

ワカヌ 私も洗濯物干しをお願いしようかなって感じになった。お互いに一人暮らし経験があるから一通りの家事はできるし、もしかしたら女性同士だからいいという部分もあるのかもしれません。どっちかがやって当たり前とは思わないというか。

オノマ どちらか一人が家事をやっていると、申し訳なさが募って、「何かしなくちゃ！」っていう気持ちになるもんね。

――一緒に暮らし始めてから決めたルールみたいなものはあるんですか？

オノマ 気づいたことがあっても、ワカヌさんに伝えるのは一日一個までにすること。私は思いついたことがあるとたくさん言っちゃうんだけど、ある日ワカヌさんから「一度に二個も三個も言われると傷つくからやめて」って言われて、もっともだなと（笑）。

ワカヌ 五月雨《さみだれ》式に言われると、わけがわかんなくなっちゃうんですよ。何かを言うときに「今から言うけど、心理状態は大丈夫？」って、必ずワンクッション置いてから言ってくれるのも助かってる。無理なときは「やわらかめにして」とか「後にして」とか「今ちょっと受け止められない」とか言えるので。

——逆に、ワカヌさんがリコさんに対して言うときは?

ワカヌ 私も言いたいことがあるとき、相手の調子を見て言おうと思っているんですけど、言う前にリコさんが察してくれることのほうが多くて。

オノマ 私が言いたいことをすぐに言っちゃう一方で、ワカヌさんはどちらかというと言いたいことを我慢してくれちゃうから、なるべく気にするようにしています。

——お二人の生活が二年続いている理由やうまくいく秘訣《ひけつ》は何だと思いますか?

オノマ やっぱり「一日一個までにして」って言ってくれたのは大きいですよ。そうじゃないとこちらも言いすぎてしまうし、「言ってるのに変えてくれない!」と不満も溜まってしまうので。

ワカヌ お互いのキャパがわかっているのはいいかもしれない。リコさんが「それはそれ、これはこれ」って切り分けてくれるところもうまくいっている理由だと思います。

結婚を意識せずに済んで、
恋人をつくりやすくなった

――一緒に暮らし始めて二年、仕事やプライベートに何か変化はありましたか？

オノマ　同じ職業だから、仕事の悩みを共有できるというのはありますね。プライベートに関しては、ますます結婚を考えなくなったかな（笑）。恋人をつくるのが楽になりました。

結婚を考えずに堂々と付き合っていいという気分になった、とも言い替えられるかな。それまでも結婚願望自体は強くなかったですし、好きかどうかだけで付き合ってはいたのですが、どうしても「邪な結婚念」のようなものはありました。

数年前は病気を患って、経済的にも不安があったので、相手への期待が大きくなって、結婚したいわけではないのに「あわよくば楽に生活できるんじゃないか」みたいな気持ちがモワモワモワ〜ッと広がっていって（笑）。

ワカヌ　スケベ心だ（笑）。

オノマ　そう！　もちろんこれからもお互いにどうなるかわからないけれど、ワカヌさんという家族ができたことで、付き合うときに結婚向きの人かどうかを考えなくてよくなった。

逆に、結婚にすごく前向きな人と付き合うのは難しいのかな。まあ、ワカヌさんも誘って一緒に住めばいいんだけど。

――ワカヌさんは同居による変化はありましたか？

ワカヌ　私は実家には絶対に帰りたくなかったし、かといって結婚願望も一切なかったんです。一人で生きていくしかないと思って頑張っていたんですけど、はっきり言って生活能力もないので、一人暮らし向きじゃないんですよね。

リコさんとの生活を始めてから、こっちのほうが気が休まるなって思えました。だからこそこの生活を維持していけるように、貯金をしたり健康に気を遣ったり、前よりは先を見て行動できるようになったかなと思います。

いつか同性パートナーとして子育てしたい

——お話を聞いていると、お二人はもう、家族だなと思ったのですが、この関係をどのように捉えているのでしょうか？

オノマ　実はワカヌさんとは同居しているだけで、「家族になろう」とかは考えたことがなかったんです。でも、大阪で男性カップルが里親になったというニュースを見てからは、ワカヌさんと同性パートナーとして里親になるのも良いかなと思い始めました。

それまでは独立して生きていかなきゃと思っていたし、子どもも産むつもりはないから子育てには関わらないんだろうなと思っていたのですが、同性カップルのニュースを見て、子育てをする可能性があるぞ、と。それで、ワカヌさんに提案してみたんですよね。

——同性パートナーシップ制度を申請して、子育てする。でも、お二人は恋愛関係にないですよね？

オノマ　恋愛関係にはないです。同性パートナーシップ制度は、そもそも同性カップルのためにつくられたものですが、友達同士で家族になる制度として位置付けてみてもいいんじゃないかなって思ったんです。

それをワカヌさんに提案して言葉にしたとき、初めて家族になるのかもなと思いました。次の日になって、ふと「あれってプロポーズだったのかな?」と思って、妙に照れちゃったんですけど（笑）。

ワカヌ　私も何か照れました（笑）。でも、友達同士で家族をつくるのも全然いいですよね。

今の時代、「結婚」っていうと、ハードル高く感じる人が増えていると思うのですが、だからといってそういう人たちが全員一人で生きていかなきゃってなるとしんどすぎるじゃないですか。

オノマ　そうそう。今は結婚か、実家暮らしか、一人暮らしか、っていう選択肢しかない。しかも、結婚する相手を好きにならないといけない、みたいな呪縛もある。

――確かにそうですね。でも、そうは思っていても、「お友達と家族になって里親になる」という発想にたどり着ける人は少ないと思います。同性パートナーシップ制度のニュース以外

にも、何かきっかけやご自身の経験はあったのでしょうか？

オノマ　自分の経験で言えば、地域に親戚がたくさんいてみんなに育ててもらっていたので、両親以外のたくさんの大人の中で子どもを育てることが良いことだと思っていた、という背景はあるかもしれないですね。

両親が共働きだったので、家に帰って誰もいないときや、喧嘩をしたときは、おばさんやおばあちゃんの家に行って話を聞いてもらっていました。

あとは、ポリアモリーを調べていたというのも大きいかもしれません。

――ポリアモリー？

オノマ　とてもザックリ言うと、同時に複数の人を愛する生き方のことですね。ポリアモリーについて知ったとき、「あ、恋愛は二人でなくてもいいんだ」って思えたんです。

それから、「ポリファミリー」という考え方に出会えたのも大きかった。自分の子どもではなくても、恋人とその配偶者の子どもも一緒に面倒を見るとか、離婚しても子育てに関わるとか。

そういった事例を知るうちに、複数の大人で育てるのはいいことなんだって、自分の経験と合わせて改めて思えたというか。それまで抱いていた自分の中の既成概念が瓦解《がかい》していった経験は大きいですね。

――ワカヌさんは、リコさんから提案を受けたとき、戸惑いはなかったのでしょうか？

ワカヌ　なかったですね。リコさんと同居し始めたときもそうでしたが、自分の中のブレーキが作動しなかったので、きっと自分にとって自然なことなんだろうなと思えました。

私自身の経験で言えば、家族というともともとネガティブなイメージだったんです。血縁があるだけで「家族なんだから」といって甘えられて依存の言い訳にされて縛られちゃうみたいな。

でも、リコさんと一緒に暮らすようになって、生物学的な家族だけが家族じゃなくて、複数の人たちがお互いに譲り合って、相手を知りながら、彫刻のようにコツコツとつくっていくものだと思えたんですよね。だからこそ、リコさんの提案も自然なものとして前向きに考えられたのかも。

――お二人のように、自分の家族をつくりたいと思っている方に何かメッセージを届けるとしたらどんなことがありますか？

ワカヌ　家族って固定観念が特に強い分野だと思うんですけど、自分がどういう家族のあり方を望んでいるのかを知るのが大事だなと思っています。

リコさんとの生活も「家族をつくろう！」というモチベーションでやっているわけではなくて、自分にとってナチュラルだと思われることに抗わずにきたら今のかたちになっていた、という実感が強いんですよね。

具体的に何が正解かは人それぞれですけれども、社会や世間がいう「家族」に囚われず、自分がナチュラルに腑《ふ》に落ちるのはどういう家族なんだろう？　っていうのを知って、世間から浮いていたり外れていたりしても否定しないことが大切なんじゃないかなと思います。

オノマ　私の場合は、自分が通ってきた経緯と、ポリアモリーについて調べて家族観や恋愛観が瓦解したので、特殊ルートというか。自分にとってはすごく良かったんですけど、みんなにとっていいかと言われたらちょっと難しいのかなって思います。

——最後に、お二人にとって家族とはどんなものですか？

ワカヌ 私の場合は、血縁とか制度に依存するとは限らないもの。意思を持ってつくって、選んでいくものだと思っています。

オノマ 私もつくっていけるものだと思っています。それから、自分にとって安心できる場所、ですかね。

インタビューを終えて

二人の話を聞く中で「あぁ、自然にこうなったんですね」という言葉が出た。彼女たちの関係は、「こういう家族をつくろう」というゴールへと向かっていく今までの私の実践とは真逆だった。私はそれまで家族をつくることは努力だと思っていた。家族が欲しいと言いながら手に入れられない人は努力不足だと思っていた。だからこそ、好きな女性との同棲や異性との結婚生活がうまくいかなかったときは自分をひどく責めて落ち込んだ。自分の努力不足だと思ったし、裏を返せば自分の力でどうにかでもできると思っていたからだ。しかし、そうではなく、家族をつくることはゆるやかな「結果」であってもいいのだということを二人が教えてくれた。授かりものというほど綺麗事に仕立ててあげないまでも、自分の力だけではうまくいかないこともある。ワカヌさんの話した「家族は彫刻のようにコツコツとつくっていくもの」という表現が全身に染み渡った。

オノマさんが「結婚を意識しなくなって恋人をつくりやすくなった」と言っていたのにも深く頷《うなず》いた。心の底から結婚したいと思っているわけではないのに、相手に対して「結婚相手としてはどうか」というジャッジメントのまなざしを向けたり、今後はどういう関わり方をしていこうかと考えたりしてしまうのが不思議だった。そして、本意ではない先々のことまで考えて関係をダメにすることも多々あった。結婚していたってお別れすることも十分にありうるのだから、そうやって枠に当てはめて考えることをやめてみようと思った。そうしたらもう少し恋愛を良い意味で気軽に捉えられるようになる気がする。もっとも、この取材の後私は一年間も懲りずに恋に狂って、好きな人をこの世のすべてのように思ったり、この先この人とずっと一緒にいられるだろうかなどと考えてしまったりしたわけだけれども、三つ子の魂百まで。自分を完全に変えることはできなくても、少しずつやわらかく向き合っていけるといい。

取材後はほとんど私のお悩み相談のようになってしまい、気心知れたお二人に励まされた。勇気をもらって「次こそは頑張ります」と言った私に、二人は「そうやってすぐに頑張っちゃうんだから」と言って笑った。私も笑った。「落ち着いたら離婚記念の祝福パーティーでもしましょうね」と言って送り出してくれた二人に大きく手を振って駅へと向かった。私にとっては離婚直後の新たな門出にふさわしいインタビューになった。

ちなみに、二人は二〇二〇年現在も同居生活を続けている。取材後に友人と、友人が亡くなったときに友人の子どもをオノマさんとワカヌさんの二人で育てるという「ライフライン家族」になることも約束したそうだ。そのお話も、また伺いに行きたい。

第七章

綾乃（35）
あお（21）

二〇代のときに旅先で出会った人と三ヵ月で結婚、出産し、離婚。別れた夫との再結成。その後、さまざまな出会いを経て、一四歳下の男性と再婚した。

二五歳くらいの頃、本能レベルで「子どもが欲しい」と切実に願って早五年。あの頃は盲目的にとにかく子どもが欲しくて、どうしたらシングルでも子育てできるかばかり考えていたけれど、そもそも子育てに向いていなかったらどうしようということは考えたことがなかった。

数年前、私の身近な友人で、結婚して子どもがいながら好きな人ができてしまったという人がいた。彼女のそれまでの結婚生活は贔屓目《ひいきめ》抜きに見ても劣悪でDVと言って差し支えない環境だったことも一因のひとつだっただろうと思う。私自身も彼女の話を聞いては、彼女にひどい扱いをするパートナーに対して脳を何度も沸騰させたけれど、好きな人ができた途端、彼女はそれまでの献身的な人格も、夫も、子どももぽーんと放り出して灼熱の恋に身投げするように家を出てしまった。きっともう、そうするほかなかったのだと思う。それまで従順だった妻が豹変してしまったことに狼狽《うろた》えた夫は考えを改めるからと言い、「恋人をつくってもいいから離婚はしないでほしい」とまで譲ったけれど、「私はずっと我慢してきた」「子育てなんて向いていなかった」と言い募った。

ずっと苦しんできた彼女が解放されたことは友人としてうれしいと思った。ただ、どういうわけか、その選択について手放しでよかったねと祝福できない。同じように

DVを受けていて他に好きな人ができたと言った別の友人に対しては「新しい彼のところに逃げろ」と全力で背中を押したのに、新しい彼について楽しそうに話し、元夫について糾弾《きゅうだん》する彼女と会っているときは、喉の奥に毛糸が詰まったようにチクチクして苦しかった。当事者にしかわからない感覚や事情があると思っていたからこそ、「申し訳ないけど、私は賛同も否定もしたくない」と、友人にはっきりと告げた。けれど、私を信頼し、最後の砦のように思っていてくれた友人としてはショックだったようで、それからしばらく疎遠になってしまった。

何が引っ掛かっていたんだろうと思ったとき、私の中で大きな要素だったのは彼女の子どものことだった。でも、私がかつて取材をしてきた新しい家族の実践者たちに向けて投げられる「子どもが可哀想」に、誰よりも怒りを燃やしてきたのは私だったのではなかったか。親しい友人とて他人のことだ。結局私も他人の選択にごちゃごちゃ言う人間と同じ穴の貉《むじな》なのか。

そもそも、子育てが向いているかいないかなんて子どもを持ってみて初めてわかることだ。いざ育ててみて向いていないと知ることだってあるだろう。彼女は未来の私かもしれない。そんな思いがぐるぐるとして、彼女との仲が改善された今も、私はときどき思考と葛藤の渦に呑み込まれて溺れそうになる。

二〇一八年夏、あるトークショーに出たとき、一人の女性が自分のプライベートについて、みんなの前で話してくれた。子どもを産んでから子育てが向いていないことに気づいたこと、紆余曲折《うよきょくせつ》を経て、一九歳の夫と再婚していること、子どもは主に夫が見てくれていて自分は音楽活動に専念できるのだということ。

彼女の話を聞いて、私は先の友人のことを思い出した。そして、彼女がもしも、この女性のような方法を取って好きな人や好きなことに没頭していたとしたら手放しで応援できたかもしれないと思った。でも、なぜそう思えたのかはまだわからない。どこか遠い別の国の話を聞くように、半ば憧れのような気持ちで、その女性の話を聞いていた。

それから一年半ほど経った二〇一九年末、久しぶりにその女性に連絡を取り、取材を申し込んでみた。彼女は快諾し、夫も喜ぶと思うと言ってくれた。彼女は兵庫県の姫路より先ののどかな街に住んでいるという。持っていた情報はそれだけ。事前に概要も聞かずに、日程と場所だけをフィックスし、直感を信じて新幹線に乗り込んだ。

――実は私、綾乃さんのことをほとんど何も知らないんですよね。まず、一人目の旦那さんとのお話から聞かせていただいてもいいですか？

綾乃　私は高校を卒業して製菓学校に通っていたんですけど、中退して。社会に適応できなくて、アルコールに溺れていた時期もありました。その状況を脱してからは羽が生えたみたいにいろいろな場所に行くようになって、行った先でお菓子をつくって売って、お金がなくなったら日払いの工場バイトをして暮らしていました。

最初の旦那さんはその旅先で出会った人ですね。本能的に「子どもが欲しい」と思っていた時期で、付き合って三ヵ月くらいで子どもができて、籍を入れることにしました。私が二一歳のときです。

――スピーディーですね。「子どもができたから結婚しよう」という感じで、法律婚への違和感などはなかったんでしょうか？

綾乃　なかったと思います。彼も私も同い年くらいで若かったし、彼はいわゆる旅人で、バンドや表現活動がしたい人だったこともあって、できれば籍を入れたくなかったみたいなんです。でも、そのとき「いや、私は結婚したい」という抵抗心が強く出たのは覚えているので、当時はすごく結婚したかったんじゃないかな。

ただ、やっぱりうまくいかなくて、結婚から二年後、上の子（第一子）が一歳半くらいのときに離婚しました。

――彼が子育てに時間を割かれて、表現活動に打ち込めないのが嫌だった、ということでしょうか？

綾乃　物理的な制約よりも「結婚マジック」が大きかったんじゃないかなと思います。たとえば、女性も結婚すると「妻として」とか「お母さんとして」とか、ある種の呪縛に苦しむ人がいると思うんですけど、男性にも同じことが言えると思っていて。

彼もアーティスト気質だったので、「夫として」とか「父として」みたいなのがつらくなってしまったのか、だんだんと鬱になって、離婚せざるを得なくなった感じですね。

恋人の失踪を経て
元夫と〝再結成〟

――離婚後は、一人で子育てをされたんですか？

綾乃　基本的にはそうですね。ただ、離婚した後に付き合っていた恋人と一緒に住んでいた時期があって。彼は働いていなかったので、世間的にはヒモと呼んでも差し支えないような関係でしたけど、家にいて子どもの面倒をよく見てくれたので助かっていました。

――確か、お子さんは二人いらっしゃいますよね？　二人目のお子さんは、その恋人との間にできたお子さんですか？

綾乃　いえ、元の旦那さんとの子どもです。このあたり、ちょっと複雑なので長くなってしまうんですけど……恋人と暮らしているときに元の旦那さんがいきなり家を訪ねてきたことがありました。住所も教えていないので、自力で調べてきたと思うんですけど、恋人と子どもと三人でご飯を食べているときだったので場がちょっとピリつきました。

ただ、そのときに子どもが久しぶりに会ったお父さんを見て、ものすごい笑顔でワーッと駆け寄っていったんですよね。表情がとても印象的でした。結局そのときは何もなく終わったんですけど、その数ヵ月後に突然、恋人が失踪したんです。

――え！　失踪!?

綾乃　恋人も失踪してしまってどうしようというタイミングで元の旦那さんと再会する機会がありました。以前、恋人と同棲中に彼が訪ねてきたときの子どもの表情がずっと心に残っていましたし、その頃はしっかり仕事をしているみたいだったので、同じお父さんとの間に二人目をつくって再結成できたらいいなとは思ったんですよ。その二、三ヵ月後にはめでたく第二子を妊娠して再結成することになったんですよね。

――失踪の話が気になりますが、ひとまず話を先に進めましょう。旦那さんとはまた籍を入れたんですか？

綾乃　結局、籍は入れずに別々に住んで、行ったり来たりしながら仲良くやっていました。ただ、二〇一一年に東日本大震災がありましたよね。私たちは当時、京都に住んでいたんですけど、彼が放射能パニックになってしまって「家族で今すぐ九州に逃げるぞ」って言い出したんです。

感受性も強い人だったし、家族を守りたい一心だったんだとは思うんですけど、私も乳飲み子を寝かしつけているようなときだったので、ちょっと待ってよと。三月一一日の夜は暴力沙汰になるくらい激しくバトルして、もう一緒にいるのは難しいなと思ってお別れすることにしました。

地方で感じた核家族とシングル家庭の違い
「私、子育て向いてないかも」

――旦那さんと二度目のお別れをした後も、そのまま京都で暮らしていたんですか？

綾乃　いいえ、車の免許を取って伊勢に行きました。二一歳くらいから毎年ライブ活動しに行っていたときのご縁で、伊勢に友達が多かったんですよ。京都よりも田舎だから子育ての環境として良さそうだなと思ったし、小さい子どもがいる友達ばかりだったので子どもを預け合えたらいいなとも思っていました。
ただ、友達は地元に長く住み続けている子が多くて、実家のお母さんに預けられるんですね。私だけお願いするかたちになっちゃうから結局気が引けてできなかったですね。核家族とシングル家庭の違いを見せつけられた感じがあったな。

――地方だとその差が特に出やすいかもしれませんね。

綾乃　そうですね。そのまま二年半くらい、一人で子育てしながらフルタイムで働いていたんですけど、体調を崩してしまって、実家のある関東に戻ったんですよね。子育てってお母さんの「こうしたい」って欲求を切り離さないとなかなか難しいじゃないですか。私は自分のペースを乱されるのが特に苦手なんだけど、いいお母さんでいなきゃと思って自分の感覚を置き去りにした状態でお母さんしてたなぁと今になって思います。そのときはもう、私子育て向いてないんじゃないかなって思ってました。
加えて、慣れ親しんだ伊勢から東京に越してきたこともあって、子どもが小学校に行けなくなってしまったんですね。家で勉強したり、一緒に博物館で展示物を観たりとホームスクーリングしていたんですけど、ある日「友達が欲しい」と言い出して。「学校は合わないけどお友達は欲しいんだな」と思って、検索したら今通ってるフリースクールがヒットして。見学に行ったら「明日から通いたい」と言うのですぐに引っ越して、そこで出会ったのが今の旦那さんのあおくんでした。

年の差一四歳婚の理由は「家族として認められる〝かたち〟が欲しかった」

——あおさんとのなれそめについて教えていただいてもいいですか？

綾乃　フリースクールの体験入学のときにあおくんがいて、すごくピンとくるものがあって、強く惹《ひ》かれたんですよね。当時の彼は一五歳で、私が二九歳。あおくんもフリースクールに通っている生徒だったんですよ。

さすがに、いきなりは距離を詰められないじゃないですか。だから、フリースクールでライブをしてほしいって言われたときに、あおくんにパーカッションとして参加してもらうことにして、連絡先をゲットしました（笑）。

――それでもかなり急展開だと思いますよ（笑）。あおさんは綾乃さんの気持ちに気づいていたんですか？

あお　連絡先を交換してから二、三ヵ月は毎日のようにメールしていましたね。後になってメールを見返してみたら「確かに」という部分は何ヵ所かあったのですが、きちんとお付き合いすることになるまでは全然気づきませんでした。綾乃さんは子どももいるし、年も離れているし。

綾乃　はっきりすることになった日は、美術館デートだよね。一緒に観たい展示があってあおくんを誘いました。

――ちなみに、どちらがどういう感じで告白したんですか？

あお　どちらかというと、綾乃さんが先導するかたちではあるんですけれども。

綾乃　先導（笑）。でも、シュートを外すっていう可能性は頭になかったですね。私の体調がまだ良くなかったこともあってスーパーの買い物に付き合ってもらったり、その帰りにうちでご飯食べたり、子どもたちと遊んでもらったりしていたから。

あお　すでに家族みたいになっていたよね。僕も僕で、両親が離婚しそうになっていて家族のことが大変な時期だったから、綾乃さんにいろいろ相談させてもらっていたし。

綾乃　付き合った後も違和感はやっぱりなかったな。シングルマザーになってからお付き合いした方は何人もいたんだけど、子どもの父親になろうとすると難しかったんですよね。ただ、子どもと遊んでくれればいいのに、急に指導し始めたり、子どもをコントロールしようとしたり。それによって地位を得ていると感じられるのも嫌だったんですが、あおくんにはそういう介入感がなかった。

――でも、お付き合いするときは結婚までは想定していなかったですよね？　法律婚しようと思ったのはどうしてでしょう？

綾乃　私としては子ども二人とあおくんの四人のかたまりがすごく自然で、ずっと一緒にいるんだろうなという実感があったんですよ。ただ、外から見たときに関係が謎じゃないですか。住んでいる場所が田舎だし、母子家庭は男の人が出入りするだけでも周りの人たちに目を付けられやすいから、家族として認められるかたち、は欲しいなって思いました。

——合理的な結婚ですね。でも、田舎ならなおさら、あおくんのご両親に反対されなかったのかが気になります。

あお　そもそも僕がかなり内向的な性格だったので、彼女ができるということ自体、周りを驚かせましたね。だから、結婚するって言ったときよりも前段階の付き合っていることを知られたときのほうが拒絶された感じはあったかな。

お互いのフェーズが変わったから離婚、再結成もありえる

——実際に法律婚をされてみて、どうでしたか？

綾乃　やっぱり外向けに関係の説明ができたのはよかった。あと、これは結婚していなくても変わらなかったと思うんですけど、あおくんが子育てをしてくれたおかげで自分の創作の時間が確保できて、今は自分の感覚をすごく取り戻せています。全国ツアーもできるようになったし、活動を確立してこられた。

あお　僕としても、サポートできるのが本当にうれしかったですし、綾乃さんが活動の幅を広げていくのを見るのが楽しかったですね。

――すごく意地悪な言い方をすれば、自分の子どもではない子どもの世話をして、大事な人の活動をサポートしているわけですよね。私自身がサポートするタイプの人間ではないこともあって、あおさんは本当にうれしいのかなと、少し疑問に思ってしまうのですが……。

あお　当時は本当にうれしかったです。でも、今は違うんですよ。綾乃さんのライブのポスターをつくっているうちに、自分もデザインを本業にしたいなと考えるようになって。そうなったときに、それこそ今までと同じように子育てしながらだと全力を注げない。今は実家から通って週の半分くらいだけ泊まるようにしています。もうすぐ離婚しようっていう話も出ているよね。

綾乃　離婚の理由はいろいろあるけど、もう外向きに「家族です」という説明がいらなくなったのも大きいよね。あと、個人的には自分の「結婚マジック」もあったかな。結婚したから守ってほしい、責任取ってほしいっていう想いが急に出てきて。それまではあんなに人に養われるのは嫌だとか言っていたのに、夫婦のデフォルトみたいなものにヒュッと収まりたくなっている自分がすごく嫌になった。

あお　僕自身は何も変わらなかったから、その感覚はわからないな。逆に結婚したからといって過熱もできなくて、世間の結婚のイメージとの乖離《かいり》に違和感はあったけど。結婚って何なんだろうね。

――お話を伺っていると、前向きな離婚という感じがしますね。それこそフェーズが変わったら再結成することもありそうですね。

あお　それはありえると思います。僕としては臨機応変にやっていきたいと思っています し、今でも綾乃さんとしか共有できない感覚や話があるので、婚姻関係とはまた別の特別な関係というか。

綾乃　そうだね。「結婚マジック」にとらわれていたときは自分の欲求が満たされないことに対して、憎いと思ってしまったこともあったけど、離婚を決めてからのほうが仲が良いよね。

一〇年ぶりに失踪した恋人と再会、
じっくり家族を培う中で

——離婚してもあおさんとは交流しながら、ときどき子育ても手伝ってもらう感じですか？

綾乃　そうですね。ただ、今、あおくんとは別に付き合っている人と一緒に住んでいるので、その人と一緒に育てていくことになるかな。今の恋人は、一〇年前に失踪した人なんですけど。

——生きていたんですね！　でも、どういう経緯で再会することになったんですか？

綾乃　ある日突然、酔っ払って電話がかかってきて。たまたま近くに住んでいるというので、ひとまず会うことになり、紆余曲折《うよきょくせつ》を経てよりを戻すことになりました。私の記憶

の中では「そんな人もいたよな」くらいだったんですけど、当時から子どものお世話をしてくれたから助かっていたし、再会してからもうちの家族に馴染むのも早かったので。元恋人との再会が、あおくんとの離婚を考え始める大きなきっかけのひとつでもあります。

――綾乃さんの中で「家族に馴染めるかどうか」が大切な基準のひとつなんですね。綾乃さんの昔の恋人が突然現れて、あおさんは複雑な心境にならなかったですか？

あお　全くならなかったですね。結婚する前からパートナーが一人ではないという話は聞いていたので受け入れ態勢はできていましたし、そもそも好きな人がいてお互いに付き合いたいなら付き合うべきだと僕は思っているので。それに、一四歳も差があるのにアプローチしてきてくれた時点ですでに衝撃ですよ（笑）。

もっと元を辿《など》れば、僕は生まれ育ちが大阪の西成から数駅の場所なんです。父親が西成好きで、西成が一般的にはあまり良く思われていない場所だということも知ってはいたけど、僕はとても好きな場所でした。そんな風に変わったものにふれる機会が多かったんです。だから、綾乃さんがセカンドパートナーの話をしてくれたときも、素直に面白いなと思えた。

――お二人のスタンスは、ごくまっすぐで一貫されていますよね。

あお　僕たちを取り巻く環境がたまたま複雑なだけで、僕たちがやってきたことは付き合って、綾乃さんに好きな人がいたからその人とも付き合って、僕たちは必要があったから結婚して、必要がなくなったから離れて、とシンプルなんですよね。

綾乃　私が嫌なことを嫌なままにできない、ごまかせないっていうのはあるけど。

あお　綾乃さんのそういうところが、自分にとっては気持ちよかったんだと思う。わかりやすすぎて手に負えないこともあるけど、複雑な忖度《そんたく》はいらないからしっくりきていたというか。

そういえば、最近再会した一〇年前の恋人とも会って「今度、綾乃 How to use の会をやろうね」と言われて握手しましたよ。僕よりも二〇歳近く年上なので、どうしても敬語になってしまいましたけど。

――不思議ですけど良い関係ですね。今は恋人と一緒に住んでいるんですか？

綾乃　私が疲れやすいので週の半分くらいは寮に帰ってもらっていますが、だいたい一緒にいますね。今は私たちと家族になっていく過程で、彼自身が安心感を培っているところだと思います。

彼は一四歳のときにお母さんを亡くして、そのときにお父さんが実のお父さんでなく、再婚相手だった事実を初めて知ったんですね。お父さんにも捨てられて、養護施設で過ごすことになって、それからずっと一人で生きてきたから、家族にはすごく飢えているようなところがある。家族を築き上げて安心を得ることを、四〇歳にしてやり直している感じはありますね。

——彼自身も綾乃さん一家に癒されているんですね。ここまでずっと綾乃さんやあおさん目線のお話を伺ってきましたが、お子さんたちはどう思っているんでしょう？

綾乃　懐《なつ》いていますし、下の子は特に確固たる父親像が欲しかったみたいで「ヨシ（恋人）ってお父さんみたいだね」と言ってうれしそうにしています。あおくんにも懐いてはいたけど、年が近いからお兄ちゃんという感覚のほうが強かったと思うんですよね。

中学一年生になる上の子は、最近になって「そういえば、お母さんがあおくんと付き合い始めたときって、あおくんは一五歳だったよね?」と聞いてきました(笑)。たぶん、自分がフリースクールで年の離れた子持ちの女性に告白されたらってシミュレーションしたんじゃないかな。

――「これはすごいことだぞ」って思ったでしょうね。お話を伺っていると、ネガティブな捉え方をしていなそうですね。

綾乃　きちんと聞いたことはないけど、「うちはこういうかたちなんだ」っていうのは受け入れてくれているような気がします。この間、子どもたちが「不倫」っていう言葉をどこかから仕入れてきて「不倫って何?」って聞いてきたんですよ。だから「結婚している人が他に恋人をつくることだよ」と答えたんです。そしたら、「そうなんだ、じゃあ母ちゃんも不倫してるんだね!」って(笑)。

――めちゃくちゃポジティブじゃないですか(笑)。

綾乃　「不倫」っていう言葉自体をネガティブなものとして聞いてきたと思うんですよ。

私の返答を聞いた下の子が「え、じゃあ母ちゃんも悪いことしてるってこと?」って上の子に聞いたんです。そしたら上の子が「いや、あおくんがいいって言ってるからいいんだよ」と言っているのを聞いて面白いなって。

あお 柔軟だね。

綾乃 ものすごく柔軟。もちろん、この先「お母さんがこうだから、僕はこうはしたくない」とか出てくるかもしれないし、既存の価値観を重んじる人の中には批判的に見る人もいるとは思います。私自身もこれが本当に良い方法なのかはわからない。

でも、「結婚や離婚ってこういう風にもできるんだ」って思えたら楽にはなりますよね。一緒にいるかたちがひとつじゃなくていいっていうことが発信できたら、私たちとしてもうれしいな。

インタビューを終えて

綾乃さんとあおさんの関係は、模様替えのようだなと思った。飽きたり不都合なことが出てきたりしたら家具の配置を変えて、手狭になったら引っ越しをするごとく、都度話し合いながら関係をゆるやかに変えていく。それは結婚していても同じことだ。「家族と性愛」をテーマに活動していながら「家族」や「結婚」と聞くと、どうしても身構えてしまう自分がいるけれど、家族や結婚だって模様替えしたり、引っ越したりすればいい。幾重にも凝り固まった私の思考を二人のあり方が真っ向からぶち抜いてくれた。まさに青天井な関係の築き方を見せてもらって、諦めきっていた誰かと歩む人生を、差し込む一筋の日光がぼんやりと照らしている。

——周りが複雑なだけで、僕たちはシンプルなんですよ。

あおさんの言葉が頭の中でピンポン玉のようにこだまする。最初に結婚した夫と離婚して、再結成をしてまた別れ、紆余曲折を経て出会った一四歳年下の男性と結婚し、好きな人がいたからその人とも付き合い、結婚が必要なくなったからやめる。情報量は多いし、一見突飛なようだけれど、綾乃さんがしてきた選択の根底には「嫌な感じがしたらやめる、ピンときたら一緒にいる」というシンプルな基準が流れていた。家族の取材をしてきて何度も思い知らされているけれど、私はもう少し直感を信じて流れに身を任せてみてもいいのかもしれない。

それから、綾乃さんが何度も口にした「結婚マジック」という言葉に私はうなだれ、ため息をついていた。身に覚えがある。結婚してしばらくすると、旦那さんの元気がなくなって、お金になる仕事や作品制作もせずに家で寝たきりのようになってしまったこと。夫婦のお財布を分けると自分から決めたのに、友人が夫に養ってもらっていると聞いて羨ましく思ったこと。働けなくなった彼の分まで生活費を稼ぎ、気持ちの上では献身的な妻になってしまっていたこと。公には「新しい家族とか言っているくせに、結局は普通の妻をやりたがってるじゃん」と彼に指摘されて、血を噴くような思いをしたこと。「結婚なんて紙きれ一枚だ」とバカにしていたようなところもあるくせに、いざ結婚してみると一点の曇りもなく「結婚」に染まってしまった。今でも思い出すと胸が焼けそうに痛む。私の人生における、大きな敗北のひとつだ。

家庭を投げ出した友人の選択への抵抗感が何だったのかは、自分の中で未だに因数分解できていない。ただ、綾乃さんが伊勢で「子育てが向いていない」と落ち込み、体調まで崩した時期が、友人にとってのあの時期だったのかもしれない。経験至上主義は好きではないけれど、やっぱり子育てをしていない私には理解できない領域もあるように思う。

その友人とは何となく仲直りして、今までと同じように会えるようになった。未だに体調を崩しながらも友人はだんだんと自分を取り戻しているように見えて、私はうれしい。答えはまだ出ていない。だからこそ見届けさせてほしい。彼女の人生を、彼女の子どものこれからを。

第八章

古藤千佳（35）

八年付き合った恋人と婚約を解消してカナダへ。
留学先で出会い、心から愛した人は植物と猫しか信じられない男性だった。

失恋をした。今となってはあれが恋だったのかはわからない。けれど、とにかく眩《まぶし》しすぎる人だった。彼が体調を崩していたのでお見舞いのつもりで、家のドアノブに花と手紙をかけて帰ったら「そういうのは困るな」とLINEが一通来たきり、連絡がつかなくなってしまったのだった。何が困らせてしまったんだろう。約束なしに家に出向いたのがいけなかったのだろうか。彼の心身の調子が悪くなるたびに、全力で支えてきたつもりだった。真夜中でも、早朝でも、連絡がくれば家に迎え入れて、タクシーに乗って会いに行き、あらゆる暴力を受け入れた。指を折りたいとか、手首を切りたいと言われたこともあった。けれど、それらを断るたびに彼の要望に添えない自分を、「そんなこと」に傷つく自分を責めた。彼の存在に救われていた部分が大いにあるので彼を責めるつもりはないけれど、彼にとって特別な存在だと信じていたから耐えられた部分はある。百歩譲って特別な存在でなくても、自分の気持ちでドアノブに花をかけて帰ってくるくらいは許されると思っていた。許されなかった。そういえば、私からのメールに返信が来たことも、電話をかけて出てくれたこともほとんどなかったから、私からの働きかけ自体が彼にとって不快だったのかもしれない。それでも、勝手に、信じていた。

何度か、彼に「殺していいか」と聞かれたことがある。私は、殺したいほど大事に思われているのだと思い、舞い上がって理由を聞いたら、「人を殺さないと本当の意味で愛することがわからないと思う」と彼は淡々と答えた。つまり、誰でもいいということだ。仮に私を殺して、「本当の愛」を知ったとしても、その愛は別の誰かに注がれる。私のことなんて記憶の片隅にも残らないだろう。

徹底的に尽くせば、究極的には命を捧げれば、大事にしてもらえると思っていた。しかし、そうではなかったとき、自分がそこまで粗末に扱われる存在ではないという驕《おご》りがあったのだと気づいた。だから、何が起こったのかわからなかった。わかりたくなかった。小腹を満たすためのスナック感覚で、命を無下にされるほど無価値な存在ってこと？　世界が真っ白になった。ホワイトアウト、見覚えのある故郷の冬の風景。

今までの私は常に、「大事な人」を軸にして生きてきた。一定の年齢になるまでは母を、それ以降は恋人や交流のあった男性がどう思うか、感じるかを一番に考えて生きてきた。彼らの前に立つとき、彼らの存在が頭にあるとき、「私」は完全に滅《めっ》されていた。何となく気になる人は常にいたけれど、今回は人を愛する余力なんて残されていなかったから、大事な人が一人もいない状況を味わったのは、生まれて初めてだった。それは参照先の喪失で、圧倒的な解放だった。自分のことだけ考えていいなんて、なんて自由なんだろうと思うとともに、寄る辺のなさに戸惑った。無重力状態のように定まらず浮遊するアイデンティティ。「私」が非連続的にオンオフを繰り返し、一日の間で記憶がブツブツと切れる。朝目覚めて私が私だという事実に感動して涙する。これほどまでに価値観が瓦解《がかい》したのは、病気になって会社を辞めて以来かもしれない。割れた裂け目に飛び込んで、私は記憶の深海に潜っていった。

二〇一五年。新卒で入った会社をパニック障害になり、休職して、恋人にフラれた。今振り返ってもすごく好きな人だったから相当ショックだったけれど、それ以上に私に傷を残したのは休職をして寝たきりになっていたとき「話を聞くよ」と言って私を外に誘い出してくれた先輩だった。居酒屋で「何でも話せよ」と言うので思いの丈を泣きながら話したら「俺のほうが大変だ、お前は甘えてる」と言われて「すみません」と謝った。じゃあなんで何でも話せよと言ったんだろうと思っていたら、唐突にも「ホテルに行こう」と言い出した先輩。「相談に乗ってくれると思っていたのに騙《だま》したんですか」と言うと「何もしないから」と繰り返すばかりで会話にならない。何もしないわけはないだろうと思った。ただ、先輩の言った「俺のほうが大変だ」という言葉と、別の先輩が私に放った「給料泥棒」という言葉が頭の中でリフレインする。もしも断ったことで逆恨みされて悪口を言われたら、社内での私の分が悪くなる。従わなくてはいけないような気持ちになって、ホテルに行ってしまった。今でも思い出せる。タバコの臭い、ベッドで占有され人ひとり通れぬほどの隙間しかない部屋、身体をはった舌の感触、事後に暗がりでバラエティ番組を見ていた背中、カップ麺をすする音。

それ以降、自分を流れる旋律が乱れているのはわかっていた。けれど、「性被害に遭ったから性に奔放になったんですね」と言われるたびに激情してきた。自分の主体性が奪われる気がした。私は好きでそうしているのだと思っていた。そう思いたかった。

伊藤詩織さんが勝訴したニュースを見てうれしい気持ちになったのもつかの間、彼女に投げつけられる心無い言葉が「Twitter」で束になって流れてきて、そんなことを思い出した。すべての男性がそうではないとわかっていて、しかし嫌悪感で身体が毒された。ひと握りの特に親しい人を除いた男性からLINEが一通くるたびにパニックになって嘔吐《おうと》した。男の人も、言葉も怖かった。自分が女であることを呪った。

加えて、身近な友人もバタバタと心身のバランスを崩して、八つ当たりするように私を貶《おとし》めたり罵ったりすることが立て続けにあった。「私はこんなに弱くて苦しんできたんだから」と言って振り上げた拳を一気に振り下ろす姿は見惚《みほ》れるほどに滑稽だった。人間は弱くて愚かで、言葉は怖いなと思った。しかし私も人間である。ましてや物書きだ。私が世界に存在しているだけで嫌な思いをする人がいるかもしれないのに、自分の気持ちを言葉で表現せずにはいられない。この世に存在するにはあまりに過剰だ。生きている以上、人に作用し人から作用されることを避けられない。

仕事以外のメッセージが開けなくなり、SNSも見られなくなり、外に通じているという点で窓も換気扇も怖くなった。自分の書いた内容で、また誰かを傷つけて攻撃されかねないと思ったら原稿を書くことはおろか、私は自分が人間であることも耐えられなくなった。

失恋発の亀裂は、負の連鎖で、随分と深層まで私を裂いた。

人を避けて生活していたとき、一緒に暮らしている猫のみいちゃんと本が心の支えになってくれた。みいちゃんは言葉を喋らないから安心するし、言葉を喋らないのに視線や声の表情でコミュニケーションが取れる。それに、みいちゃんは嘘をつかない。遊びたいときはすり寄ってくるけれど、「今はごめんね」と言ってしばらく別のことに集中していると自分一人で居心地の良い場所と過ごし方を見つけている。私が遊びたいときに声をかけて、気分が乗れば遊んでくれるし、そうでないときはちらと一瞥《いちべつ》して無視する。人間をほとんど誰も信用できなくなってしまったときでも、みいちゃんのことは信用できた。

みいちゃん以外に信用できるものがもう一つあって、それは植物だった。その頃読んだ『植物の生の哲学　混合の形而上学』という本には、「すべての生命の中で植物だけは、他の生物を損なうことがなく、光や酸素などの物質から栄養を作り出すことができる。それは世界と調和して生きられる強い存在だということだ」というような話が書かれていた。人間として生きているだけで誰かを損なってしまうという事実が受け入れられなくなった私にとって、植物は憧れの存在になった。猫と植物が、私の関心の中心を射抜いた。

そんな折、大阪にある大好きなスペース「ことばを食べるカフェみずうみ」で対話のイベントをしたときに一人の女性が訪ねてきてくれた。

「ののかさんとずっと話したいと思ってて！」

息を弾ませるように話しかけてくれた彼女は、古藤千佳《ことうちか》さんといった。カナダに三年ほど留学していて、現在は一時帰国中。現地で出会った人をとても好きになって、彼も千佳さんを大事に思ってくれているけれど、とある事情で恋人関係にはないのだという。
「彼、植物と猫しか信用できないらしいんです。だけど、千佳はバディ（仲間）だよって言ってくれて」
植物と猫というキーワードを聞き、私は思わず身を乗り出した。彼の考えには関心があったし、そういう考えを持った人が心を許せる相手が現れるということは藁《わら》にもすがりたい希望だった。バクバクする心臓あたりを押さえながら、私は彼女に取材の申し込みをしたのだった。

恋人との婚約解消を経て、
手に取った『留学ジャーナル』

——千佳さんはカナダに留学した経験をお持ちで、現在は日本にお住まいなんですよね。留学に行く前の日本での生活について教えていただけますか？

地元にある短大の保育科を卒業して、保育士として一一年間働いていました。昔はすごく堅実なタイプで、公務員になったら一生安泰だと思って公立の保育園に就職しました。働く中でいろいろあったものの、同時にやりがいもあり、気づけば一生懸命ずっと働いていたという感じです。

仕事にだいぶ慣れてきた二六歳くらいのときに「地元以外の世界も見てみたい」と思い、ワーキングホリデーに行くことを考えたこともあったんですが、二一歳くらいから長く付き合っていた彼にその話をしたら反対されて。そのときにスパッと別れて行く勇気があればよかったんだけど、結局三一歳までは保育士の仕事を続けながら日本にいました。

――では、留学することにしたのは彼を説得して?

いいえ、留学のきっかけは破局ですね。八年くらい付き合って、親との顔合わせとかも全部済ませた後に彼の様子が少しおかしくて鬱みたいになっていました。聞いてみたらお金がないって言うんですよ。思えば、以前から「二人で月々五万円ずつ通帳に入れよう」と提案したことも何となくうやむやにされていたのですが、今こそ二人で力を合わせて困難を乗り越えるときだと思い、「私何とかできるよ。苦しいことを二人でなんとかやっていくのが結婚するってことじゃない?」と話しても「それでは千佳に申し訳ない」としか言わない。「じゃあどうする?」と聞いても「俺には決められない」と言うので「じゃあ結婚をやめよう」と私から言いました。

結婚を一旦やめることにしたら元気になったのですが、ひと月経っても、ふた月経っても別れるでもなく、彼からは何の話もなくて。別れを覚悟で「今後のことどう考えてる?」と思い切って尋ねてみたら自分の仕事や将来の話しかしなくて、もうダメだと思って。別れたその日に本屋に行って『留学ジャーナル』を買って、その一年後に留学しました。二〇一六年の春ですね。

――晴れて自由の身になって留学されたんですね! 現地ではどんな生活をされていたんでしょうか?

最初は語学学校に行きました。ずっと子どもと接する仕事をしていたこともあって、英語を学んで日本に帰ってから英語を教える仕事に就いてもいいかなと思っていたんですよ。ただ、勉強しながらベビーシッターの仕事をしていたら、一年ってあっという間じゃないですか。カナダの多様性に溢《あふ》れた雰囲気にもっと長く浸っていたいと思って、永住権取得を考え始めました。

永住権を取るためには指定された仕事に一定の期間従事しなくてはいけなかったので、数ある職業の中から自分の保育士としての経験を生かせてほぼ確実に永住権がとれるナニー（ベビーシッター）を選びました。学校を出た後、ワークビザでナニーとして働き始め、合計三年近く滞在しました。

〝植物と猫以外大事に思ったことがない〟男性を愛して

――例の植物と猫の彼とはカナダ在住中に出会ったんですよね？　出会いのきっかけは何だったんですか？

翻訳学校時代の友人に勧められたTinderで出会いました。知り合いもいなかったこともあって、ローカルの友人が欲しかったのと、恋人もできたらいいなと思って。会ってみた何人かの人はすぐにセクシュアルな雰囲気に持ち込もうとしたり、話していてもピンとこなかったりする人ばかりだったんですけど、彼は違ったんですよね。話していても楽しいし、多くの人が私を「外国人」として扱う中で、「人間」として扱ってくれているというか。眼光は鋭いし、坊主でソルジャーみたいな見た目なんですけど、すごく居心地が良くて「この人がいい！」と思って、会って二回目には彼の家に泊まりました。

——でも、彼は植物と猫以外信じられないという話でしたよね。恋愛感情のようなものと性的欲求が切り離されている、という認識で合っていますか？

彼は「人はエモーショナルの部分でコネクトする人と、身体でコネクトする人の二つに分けられる」と話していて、当初は身体でコネクトする人を探していたんだと思うんですよね。会い始めて少し経ったときに「人を大事に思う感情を感じたことがないからわからない。猫と植物以外を大事に思ったことがない」と言っていて、エモーションにコネクトする感覚自体を知らなかったんじゃないかなとも思います。

でも、二回目に会って以降は週に一回会うようになりました。一度しばらく会わない期間もあったのですが、後で聞いたら「本当に千佳のことが好きかどうかわからなかった。だから会わなかった」と言っていて、そういう誠実さが大好きでしたし、彼と一緒に過ごす時間は本当に居心地が良かったんです。二〇一八年から二〇一九年にかけてのニューイヤーも二人で過ごしたのですが、一緒にご飯をつくったり、コーヒーを買いに行ったりして、こんな風にずっと一緒にいられたらいいなって。

――どのくらい彼を愛していたかが伝わってきます。でも、植物と猫しか大事に思えない彼のことを愛した千佳さんの心況は複雑だったんじゃないかなと推測するのですが、どうでしょう？

そうですね。彼と一緒にいられるならかたちなんてどうでもいいと思う一方で、やっぱりはっきりしない関係に不安もありました。

彼がマレーシアとイギリスに行きたい大学があって、そこで植物について学ぶのが夢だという話も早い段階で聞いていて応援もしていたのですが、心のどこかでずっと「じゃあこの関係はどうなるんだろう」と不安な気持ちがあって。でも、確認するのが怖くて聞くのを先延ばしにしてしまっていたんです。

そんなある日、私が「日本の大学で勉強することを諦めていない」と言ったら「いいじゃん、頑張ったほうがいいよ」と背中を押してくれて。すごくうれしかったんですけど、そのときに「そうなったら私たちの関係って終わりなの?」と思い切って聞いたんです。そしたら迷いなく「イエス!」って(笑)。

——軽いっ!

すごくショックで。私の異変に気付いた彼も、ほぼ黙ったまま彼の家まで歩いて帰りました。平気なフリを装いたかったのですがダメで、こっそり泣いていた私に彼がひとこと「ごめん」と。「俺はコミットできない」とも言っていました。理由を聞いても「わからない」「何かが違う」と混乱している様子で。

以前「この関係をどう考えてる?」と彼に聞いたときに、彼が「待ってほしい」と言った経緯があったので、「なんであのときに『コミットできない』って言ってくれなかったの」と聞くと「俺はたぶん自分勝手だった。千佳と一緒にいたかった」と。

——ご本人も混乱されている中で、誠実に向き合おうとしている様子が伝わってきます。

そうなんです。だからこそ「もう会わないほうが良い。千佳の時間を無駄にしたくない。千佳は俺といても幸せになれない。俺は千佳の気持ちにこたえられないから」と言って、私が泣いても毅然とした態度で「ダメだ」と繰り返しました。

そのうえで「I love you」と言ってくれて。後日話を聞いたら「あのとき、やっと千佳のことを愛してると気が付いた。こんな最後の場面になってやっと気づいたのかと思うとおかしくて悲しくて、そしたら泣いてた」と話してくれたのですが、当時はそんなこともわからなかったので「なんで離れなくちゃいけないの？　しかも今？」と混乱していましたし、悲しかったですね。

——別れを意識して初めて、千佳さんへの気持ちの大きさに気づいて耐えられなくなったのかもしれないですね。それからしばらくは、彼に会うこともなかったのでしょうか？

それまで頻繁に交わしていた連絡も来なくなってしまったのですが、それから三週間後にバスの中で偶然会いました。お茶を飲みに行って他愛もない話をして解散したのですが、家に帰ってから届いたメールには、「この世に信じているものがほとんどない。でも、千佳との関わりで感じた痛みはすっごく苦しくて痛くて本物だと思った」と書かれていて。抑えようと思っていた彼への想いはより一層強まるばかりでした。

「彼にとっての特別な存在になれていると思えたから」

――いわゆる恋愛の定型には当てはまらなくても、お互いにとって大切な存在になったんですね。最後にお茶をしたきり、彼とは会っていないんですか？

そこから帰国するまでの四ヵ月間は連絡も取らないようにしていました。私としても彼に頼りすぎていたなと反省していた部分もあったので。

それに、帰国に至るまでがいろいろありすぎて……彼と一緒にいた頃から仕事のことですごく悩んだり、海外での暮らしに疲れて泣きながら話を聞いてもらったりしていたのですが、ルームシェアは大変なことも多く、彼と別れる前にも引っ越したり、ケガをして全部自費で払わなきゃいけなくなったりすることが重なって限界に近づいていきました。家もお金もなくなって雇い主の家に住まわせてもらうようになったんですが、仕事のつらさとその家庭のもめごとに巻き込まれて我慢することもたくさんあって、予定よりも早く帰国することにしました。

――彼に会えなくなっただけでもつらいのに、トラブルも重なって……。

はい。本当は彼に黙って帰国しようと思っていたのですが、彼にもらったドライフラワーの壁飾りを、日本に持ち帰れないことに気づいたんですよね。大事なものだから捨てたくないしと思って、悩んだ挙句「次にカナダに来る日まで預かっておいてほしい」と久しぶりに連絡したら「もちろん！」と言ってくれて、そのとき四ヵ月ぶりに再会しました。

彼に会った瞬間、ハグしてくれました。「千佳が弱かったわけじゃ全然ない。あのキツい状況でよく頑張った」とも言ってくれて、この言葉にかなり救われましたね。

――日本に帰国してから、彼とはそれっきりですか？

いいえ、日本に帰国してから約三ヵ月後に、用事があってもう一度カナダに行ったときにも会う機会がありました。そのときに改めて「俺は誰のボーイフレンドにもなれない」と言っていて「わかってたよ。でもどうして連絡をくれるの?」と聞いたんです。そしたら「だって千佳のことは大切に思っているから。ボーイフレンドにはなれないけど、千佳は俺のバディ(仲間)だから」と言ってくれました。

私が「ありがとう」と言うと、「こっちこそありがとう。友だちでいてくれて、ありがとう」と言ってくれて。それからも、頻度は減ったものの、連絡は取り合っています。

――一連の彼の言葉を聞いた今、千佳さんの中にはまだ「彼にとっての特別な存在になりたい」という気持ちはありますか?

今までは恋人になることがスペシャルな存在になることだと思っていたんですけど、彼にとっては今の関係が特別だなと思えたというか。ロマンティックな関係でなくても、ずっとこうしてつながって、いろいろな話を本音でできて。恋人関係を超えた存在というか、むしろそのほうが最高じゃない? と今は思っています。

彼以外の人とのお付き合いに関しては、自分の性質とぴったりの人がぴったりのタイミングで現れたらぜひ、っていう感じですけど。でも、恋愛関係や恋人といったかたちでなくても、こんなに大事な人に出会えたことが素晴らしいなと思うんですよね。

インタビューを終えて

千佳さんのお話を伺いながら、二五歳のときに好きになった「遺伝子の彼」について思い出していた。今思えば窮屈だった私の世界を押し広げてくれた彼と、人生を交差させていくにはどうしたらいいのだろうと七転八倒しながら模索した日々。誰かに自分を重ね合わせるのは失礼だと思う一方で、千佳さんと「植物の彼」の関係に、かつての私の理想を見た気がする。人を恐れたり過去の否定ばかりしてきた私の心の表面がじんわり溶けていく気がした。千佳さんの懸命さはもちろん、誰にも心を許せなかった彼が、千佳さんにだけ伝えたという「I love you」を想像しただけで、大げさではなく、身体が地割れするような感動が走る。

しかし、二人の間には「付き合っている」という確固たるかたちがない。そのことで「早く恋人ができるといいね」などと周囲からいらぬアドバイスを受けることが多いのだという。私は千佳さんの話を聞いただけでも震えるほどに感動したけれど、もしかしたら「千佳さんが勝手に言っているだけ」「愛していると言ったのは断り文句なのではないか」などと思ってしまう人もあるかもしれない。

それから、私自身も植物の彼に興味があった。恋愛や異性はおろか、人間と接点を持つことさえもままならない今の私にとって、彼は突如流れてきた希望の星と言っても過言ではない。彼はどうして植物と猫に愛着を持ったのだろうか。それは一体どういう愛着なのだろうか。たとえば今後、私にも彼にとっての千佳さんのような人が現れて、また人と心を通わせることができるのだろうか。

九割九分は取材にかこつけた私情極まりない希望だったから迷ったけれど、そもそも私の取材は一貫して私情極まりないのだったと居直って、千佳さんにお願いして植物の彼に六つの質問を送ってもらった。私から千佳さんへ日本語で質問を送り、千佳さんの英訳を経て彼へ。彼から千佳さんに送られた英文を、さらに和訳してもらった。

彼に質問を送り、「じっくり考えたいから少し待ってほしい」と言われてから数週間。千佳さんの翻訳を経て私の手元に届いた文章の上で、会ったことのない彼が浮き彫りになっていた。

以下は、植物の彼ことピエールスさんのお返事。

——いつから植物と猫への愛着を持ちましたか？　また、そのきっかけとなるエピソードがあれば教えてください。

猫と植物への愛着は幼い頃から感じています。子どもの頃、アビシニアンを飼っていました。名前はエディーで、後に僕は持っていた猫のぬいぐるみにも同じ名を付けました。エディーはとても楽しい奴で、よく着飾らせて遊んだものです。長いビーズの飾りがついたおもちゃの剣を身につけ、僕のベッドに座っているエディーの写真を、母は今でも持っています。写真のエディーは穏やかで、にっこり笑っているようで、まるで宝石と剣を身に纏《まと》ったアーサー王のようです。アビシニアンは賢く、社交的で、体格は大きめ、それでいて優れた運動能力を持つ猫です。エディーはいつもわんぱくで、ご近所さんの猫、ディランと喧嘩《けんか》したり、鳥やねずみ、リスを追いかけて遊んでいました。フェンスの支柱にマーキングしていました。よく僕と遊びました。エディーは両親や他の大人たちと違って、気性が荒く抑制がきかない面があるけれど、僕よりずっと賢いんだ、そう思っていたことを覚えています。一方大人たちは、これは僕が大きくなってからわかったことですが、その攻撃性を隠すことがずっと上手かっただけなんですね。

植物は僕にとって、平静、沈着、神秘の源です。夏の終わり、昼寝から目覚めたときに感じた、木々や森の怖いくらいにひんやりとした感覚を、僕の最も古い記憶のひとつとして覚えています。公園のプールから響く子どもたちの声、裸足の足裏に感じる樹液やスギの葉の棘《とげ》。そして、森と木々、朽ちた木のフェンス、誰かの家の庭の丸太の匂いも。

母は家の裏手で庭を手入れしており、僕たちはそこで野菜を育てていました。毎年違うものを、でも、スープに使うハーブはいつでも。ベイリーフ、タイム、ローズマリー、オレガノ、パセリ、チャイブ、コリアンダーなんかです。そこで長年育っていた大きなルバーブもあって、母がクランブルやパイ料理に使っていました。これらの植物の名称や知識は、僕が読み書きを覚える前に得たものです。だからこそ、その知識はより深く、本物であるように思えます。

近所のカルバート家にはアリという娘さんがおり、長年にわたって僕の世話をしてくれ、ほとんど第二の母親のような存在でした。アリは僕らの家で週のほとんどを過ごしていました。アリのお母さんは、カルバート家の庭でできた葡萄《ぶどう》でよくゼリーをつくってくれたのですが、その葡萄の木や蔦《つた》はとても立派で、グリーンハウスの周りやその中まで伸びていました。ゼリーは、摘みたての葡萄特有の辛みを感じられるほどみずみずしく、風が吹くと葡萄の香りがしました。

アリにはきょうだいがいて、庭で大麻を吸っていました。大麻は悪いものだ、人生をダメにするものだと学校で習っていた当時の僕にとっては、何というか衝撃でした。でもアリは気にも留めていない様子でこうほのめかしました。君は何もわかっちゃいないし、習ったこと全部正しいとは限らないよと。

大麻について考えたのを覚えています。それは植物で、なのにどういうわけか人間の心をコントロールすることができるというのです。僕にはそんなことは不可能に思えました。「僕は自由な人間だ」「植物に溺れて、おかしくなるなんてありえない」。また、本で読んで知っていた、ケシ（果実の乳液はアヘン、いわゆる麻薬）を家の前庭で見つけました。驚きましたが、好奇心をそそられました。その乳液を思い切って口にしてみました。苦味がありましたが、これといった影響はありませんでした（もしかして気づかなかっただけかも？）。大麻を手に入れられる年齢になると（友達のお姉さんがコーヒーテーブルに置きっぱなしにしていました）、仲間と一緒に吸いました。一二、三歳くらいでした。なんなら若い頃は大麻ばかり吸っていて、一五、六歳になるまで酒を飲んだことはなかったし、たばこにも興味はありませんでした。

――植物と猫への愛着とはどういう感情ですか？

猫への愛着と植物への愛着は違います。猫は友達です。お互いにケアし合う、そんな存在。似たもの同士です。植物は根本的に違います。どう違うのかはっきりとはわかりませんが、植物は神秘的で、独特の危険さがあるところには畏敬《いけい》の念を抱いています。また、植物は助けとなり、学びを与えてくれ、癒してくれます。猫は人間に近く、気ままで、ひょうきんで、やや疑心暗鬼なところは僕と似ているなと思います。

植物はもっと、重要な意味を持つ存在です。若い頃、と言ってももう大人でしたが、僕は紛れもなく、人生のうちで一番絶望していました。毎日酒を飲み、食事はとらず、たばこと大麻を大量に吸って、ただ死ぬことばかり考えていました。家の裏口に立って、大麻でかなりハイになっていた僕は、もうたくさんだ、そう思いました。そしてたばこの葉、大麻、この二種類の植物にこうもちかけました。取引をしないかと。健全な食欲、ぬくもり、家族、そして平穏な心。俺はこれが欲しい。みんなが普通に手に入れているようなことです。僕は訊《き》きました、提案しました。もし願いを叶えてくれるなら、僕も同じように助けになると。植物との尊重し合う関係性を望んだのです。むやみやたらにたばこを吸い、食べ物を粗末にするような、植物を軽視してぞんざいに扱うようなことはもうしない。だから俺を癌《がん》で殺さないで。そのかわり、俺が植物の種を植えて、世界中にその命を広げるよ。だから同じように俺を助けて。成長し、生きて、新しい命をつないでいけるように——。こうして僕らは誓いを交わし、誓いを守れなかったら死ぬことも約束しました。

植物は愛することも教えてくれました。植物への愛を知るまでは、愛するとはどんなものかわかりませんでした。

また、植物も猫も不思議なことを気づかせてくれました。植物は独特の育ち方をしていきます。ストレスを避けたり、近くの植物に危険を知らせたり、蜂を呼ぶ花をつける植物を見て、人はこんな風に言います。「すごい！　植物って賢いね！」「予想して考えることもできるなんて！」。

僕は思います。「そんなこと可能なのか？　本当にそうなのか？」と。禅の古い公案にはこんなものがあります。「蜘蛛《くも》は蝿《はえ》の捕り方を知らない。知っているのはただ糸を吐き、巣をかけることだけ。だから蝿を捕らえることができるのだ」。

これに当てはめると、植物は実に愚かで、猫も、僕自身を含めた人間も同じく愚かだということです。しかし、植物も猫も、自然にありのまま生きています。それゆえ世界とのいざこざはあまり生じません。人間は、植物や猫のようになかなか正直に生きられない。だから、混乱やトラブルに陥りやすいのです。

――これまでの人とのお付き合いについて教えてください。いわゆる恋人のような人がいた時期はありますか？

ちゃんとした恋人というのはいたことがありません。たいてい、彼氏にムカついて誰かと浮気してやろうと思った女の子の相手になるのが落ちでした。彼女たちの気が変わったら、それでおしまい。また一人になるだけです。あとは感情の伴わない関係がいくつか。正直、一〇代の頃やもっと大人になってからも、人と関係を結ぶより、一人でドラッグでハイになって酒に酔っているほうがよかったんです。

――千佳さんへの特別な感情とはどのようなものですか？

千佳にはとても救われました。千佳に初めて会ったときの僕は、かなりむしゃくしゃしていて、愛情とかそういったことに全く関心がありませんでした。ピンクのキャップを被った千佳は楽しそうで、何だか眠そうに見えた（猫みたい！）ことを覚えています。

千佳は物思いにふけっているようなときがありました。後に、彼女は自分の弱さ、不安を僕に打ち明けました。千佳はいい加減な僕に合わせてくれていましたが、僕が怒らせたときはムカついたとちゃんと言いました。ときどき、言われなくてもわかるときがありました。ただ彼女らしくいる、そんな姿を見ていると、僕も変われました。太陽みたいに暖かく、明るく、強烈でした。こんな面においては、彼女は僕よりずっと強い人です。思いやりの心、穏やかに待つ辛抱強さ、慈しみ育む気持ち、千佳の芯にはそういうものがあります。千佳は何も言わずとも教えてくれる。僕は何度も自分の浅はかさ、愚かさに気づきましたが、ただ千佳のそばにいるだけでそのことがわかったような気がします。僕を引きつけるんです。

そもそも千佳に出会う前、女性に「愛している」と言ったことは一度もありませんでした。いつも相手が言うのを待っていました。千佳に「I love you」と言ったとき、言わなきゃいけなかったことをついに吐き出せたような気がしました。もう会わないほうがいいと話した翌朝、二人で駅まで歩いたこと、傷ついた千佳の表情、舞い落ちる桜と同じ色の千佳のピンクのニットキャップ。僕は一生忘れません。

その数週間後バスで会った彼女は、悲しそうで、だけど凛《りん》としていました。

――お付き合いのための気持ちの余裕が足りないという感覚はどのようなものですか?

僕は精神面を満たすためにエネルギーを費やしていない。それは本来、人からもらうものではなく自分自身で満たすものです。要するに、寄生するみたいで嫌なんです。

彼の言葉はあまりに真摯な物語だった。圧倒的に孤独で、しかし凛としていて、行間からも人を寄せ付けぬ張り詰めた空気が染み出ていると感じた。彼をよく知る千佳さんの翻訳の力もあるのだろう。

彼の、猫への親しみや植物への畏敬の感覚は、今の私に流れているものと何となく近しい気がして、私は一瞬だけ同胞を得たようなホッとした気持ちになった。けれど、小さい頃からずうっとこんな孤独の中で生きてきたのかと思ったら、今度は打ちのめされてしまった。人はどこまでいっても孤独だという事実を煎じ詰めて差し出されたような究極の苦味は、目から全身にビリビリとした痛みを走らせる。こんな孤独が死ぬまで続くのかと思うと耐えられず、私はベッドでのたうち回った。

しかし、千佳さんへの想いについて書かれたパートからは、干上がった地面に水が染み込んでいくような絵が立ち上がる。文字通り水を得た魚のような、野を駆け回る子どものようなみずみずしさが文章からも伝わってきた。高くそびえたつ鉄壁のような孤独と、彼の孤独を一瞬決壊させた千佳さんとの出会い。よくできた物語のような奇跡が現実にあることを見せてもらって、私はもう少しだけ人を信じてみてもいいかなという気持ちになった。

結局、彼と千佳さんは「一緒になる」ことはなかったけれど、そこには確かに何かがあった。あえて言うならそれは「愛」だと思う。

私がこれから今までのように人を信じられるかどうかや、彼にとっての千佳さんのような存在に出会えるかどうかはわからない。それでも、何とか歩いていけそうな気がする。二人の物語はきっとこれからもポラリスの位置に留まって、私の足元を照らしてくれるだろうから。

この本を書き終えて

二〇一五年に自分にとっての神様のような人に出会い、何とかして彼と人生を交錯できないかと色々な方法を探し始め、「家族と性愛」という二大タブー巨塔のようなテーマを掲げて本格的に活動し始めたのは二〇一七年のこと。当時はまだそうしたテーマへの風当たりも強く、収入の大半を占めていた、クリーンなイメージが求められる広告記事への出演を諦めてまでどうしてそんなにマイナーで炎上しそうな割に合わないテーマを？　と嘲笑されることばかりだった。

大勢の人にすぐに「理解」されるのも心外なので、バカにされてほくそ笑むくらいの気概でやってはきたものの、通り一遍の仕事をビジネスとして淡々とこなす私が、「家族」と「愛」についてのインタビューにだけは異常な執着を見せ、ときに編集者にまで牙を剝《む》いてしまう理由は自分でもよくわからなかった。神様の彼以外に、もっと深層に何らかの理由があるはずと確信し、途中からはその理由を探すために取材を重ねていた気がするし、実際その背景には、膨大な感情や風景が堆積《たいせき》していた。

直近に交流のあった男性から遡り、結婚していた人やそれ以前に交流していた様々な人との関係を思い出すにつけ、つらい気持ちになることも多かった。みんなが当たり前にできることに私はどうしていちいち躓《つまず》いているのだろうと途方に暮れた。まるで自分の人生じゃないようで、自分の人生じゃなかったらいいのにと過去を全部塗り潰してやりたいような気持ちにもなった。けれど、そのたびに過去のインタビュー記事に登場する方々の実践に改めて勇気づけられた。また、変な話かもしれないが、今の私にとってはもはや他人である当時の自分のひたむきさに心を打たれ、「この子の未来を何とかして明るいものにしてあげたい」という母のような気持ちで自分自身を「更新」し続けることで物語を希望的な方向に編み上げられた気がする。

さて、この本を書き終えた二〇二〇年五月末の私は、新型コロナウイルスの蔓延《まんえん》という、一般的には不安な情勢下において、人生で最も穏やかな時間を過ごしている。「家族」と「愛」を探し続けた三〇年間の自分を弔い、一から自分を育て直していく中で、ようやく喪が明けてきたような気持ちなのかもしれない。

もちろん、今後も「家族」と「愛」について考えて書き続けていくつもりだけれど、「家族」も「愛」も、たとえそれらにかたちがあったとしても「流体」で、一生摑むことはできないものなんじゃないかと思う。もっと若い頃はとかく誰かと何かを約束して確固たるものを持たせてもらえないと不安だったけれど、確固たるものなんてないということを、死闘の日々と呼んで差し支えなかった約八ヵ月の結婚生活の中で学んだ。今回結婚については最低限しか書かなかったけれど、当時のことについても言葉に表す機会をいつかもらえたらいいなと思う。

男性との関係を遡っていく中で、ほとんどの人との間に「暴力」が介在していたことにも気づかされた。私はそれらの暴力によって負った傷の深さを今まで気づけずに放置してしまったという反省から、自分と同じように暴力を受けた人や、誰もが迎える死に対しての「ケア」について探求していきたい気持ちも深まっている。「家族と性愛」と「暴力とケア」は切っても切り離せないテーマだということも、今回の執筆を通じて教えてもらったことだ。

本書の執筆にあたって編集者の内藤寛さんには、ひとかたならぬお力添えを賜りました。勝ち気で人への警戒心が人一倍強い私に対して、あるときはチャーミングに、あるときは防波堤のようにどっしりと構えて励ましながら辛抱強く伴走してくださったことは、いくら感謝しても足りません（余談ですが、私が内藤さんに絶対の信頼を寄せる様子を見た両親は「凄腕の猛獣使いが現れた」と感嘆していました）。

「セブンルール」（フジテレビ系列）に出演された牟田都子さんに校正をお願いできることが決まったときも、目が覚めるように心弾む思いでした。緻密《ちみつ》に文章を読み込んでくださり、明らかな文法ミスもやわらかく正しい表現に導いてくださった牟田さんの赤入れには人となりが宿っている気がして、原稿越しに何度も頭を下げました。

素材集めの段階から相談に乗ってくださり、私がTwitterにアップした拙宅の浴室の写真をカバーに封入するというビビッドなアイディアで素敵な装丁に仕上げてくださった名久井直子さんにも感謝申し上げます。

また、日ごろから私の日常を残し続けてくださり、装丁に写真も提供してくださった写真家・イラストレーターの中村至宏《ゆきひろ》さん、書き終えても不安を覚えていた私の背中を誠実な言葉で後押ししてくださった能町みね子さん、決して穏当とは言い難いテーマにもかかわらず原稿の執筆・掲載をさせてくださったハフポスト、UMUの皆様にも感謝いたします。

最後に、一緒に暮らしている猫のみいちゃん、実家の両親や兄弟、近くから遠くから支えてくれた友人たち、取材にご協力くださった方々、この本を読んでくださった方々に感謝申し上げます。どんなに横暴な部分があっても、等しく野蛮な私の生きる糧になってくれていた、かつての恋人や好きだった人たちを含めて、私と人生を交差させてくださったすべての人に、心からお礼を申し上げます。

二〇二〇年五月末日

佐々木ののか

初出一覧

第一章　二つの出会い　　本書のための書きおろし

第二章　長谷川・江添　　「ハフポスト」2018.6.5
「私たち、契約結婚しました」一番大切にした条件は、
恋愛ではなく◯◯でした。
https://www.huffingtonpost.jp/2018/06/05/contract-marriage_a_23451860/

第三章　華京院レイ　　「ハフポスト」2018.8.3
「家族がほしい」と願ったXジェンダーは、精子バンクを選択した。
https://www.huffingtonpost.jp/2018/08/03/xgender-asexual-family_a_23495143/

第四章　加納土　　「ハフポスト」2018.6.22
「沈没家族」で僕は育った。
"普通"じゃない家族で育つ子供は、不幸せなのか。
https://www.huffingtonpost.jp/2018/06/22/chinbotsu-kazoku_a_23465455/

第五章　中村みどり　　「UMU」2017.11.29
「普通の家族」ってなんだろう？
児童養護施設経験者の私が考える、血縁を超えた家族のかたち。
https://umumedia.jp

第六章　オノマリコ・モスクワカヌ　　「ハフポスト」2018.12.28
恋愛はハードルが高い。でも家族が欲しい、子育てもしたい。
女ふたりが見つけた同居のカタチ
https://www.huffingtonpost.jp/2018/12/28/same-sex-partnership_a_23628922/

第七章　綾乃・あお　　本書のための書きおろし

第八章　古藤千佳　　本書のための書きおろし

佐々木ののか

1990年、北海道生まれ。文筆家。
「家族と性愛」を主なテーマに据え、エッセイや取材記事を執筆。映像の構成企画やアパレルの制作、映画・演劇のアフタートーク登壇など、ジャンルを越境して自由に活動している。家の前で遭遇した愛猫みいちゃんと仲良く同居中。

愛と家族を探して
2020年7月15日　初版第1刷発行

著者　佐々木ののか
発行者　株式会社亜紀書房
〒101-0051
東京都千代田区神田神保町1-32
電話 (03)5280-0261
振替 00100-9-144037
http://www.akishobo.com

装丁　名久井直子
DTP　コトモモ社
印刷・製本　株式会社トライ
http://www.try-sky.com

Printed in Japan